T0194121

essentials

essentials liefern aktuelles Wissen in konzentrierter Form. Die Essenz dessen, worauf es als „State-of-the-Art" in der gegenwärtigen Fachdiskussion oder in der Praxis ankommt. *essentials* informieren schnell, unkompliziert und verständlich

- als Einführung in ein aktuelles Thema aus Ihrem Fachgebiet
- als Einstieg in ein für Sie noch unbekanntes Themenfeld
- als Einblick, um zum Thema mitreden zu können

Die Bücher in elektronischer und gedruckter Form bringen das Expertenwissen von Springer-Fachautoren kompakt zur Darstellung. Sie sind besonders für die Nutzung als eBook auf Tablet-PCs, eBook-Readern und Smartphones geeignet. *essentials:* Wissensbausteine aus den Wirtschafts-, Sozial- und Geisteswissenschaften, aus Technik und Naturwissenschaften sowie aus Medizin, Psychologie und Gesundheitsberufen. Von renommierten Autoren aller Springer-Verlagsmarken.

Weitere Bände in der Reihe http://www.springer.com/series/13088

Werner Pfab

Konfliktkommunikation am Arbeitsplatz

Grundlagen und Anregungen
zur Konfliktbewältigung

 Springer

Werner Pfab
Fulda, Deutschland

ISSN 2197-6708   ISSN 2197-6716 (electronic)
essentials
ISBN 978-3-658-30148-4   ISBN 978-3-658-30149-1 (eBook)
https://doi.org/10.1007/978-3-658-30149-1

Die Deutsche Nationalbibliothek verzeichnet diese Publikation in der Deutschen Nationalbibliografie; detaillierte bibliografische Daten sind im Internet über http://dnb.d-nb.de abrufbar.

Planung/Lektorat: Eva Brechtel-Wahl
Springer ist ein Imprint der eingetragenen Gesellschaft Springer Fachmedien Wiesbaden GmbH und ist ein Teil von Springer Nature.
Die Anschrift der Gesellschaft ist: Abraham-Lincoln-Str. 46, 65189 Wiesbaden, Germany

Was Sie in diesem *essential* finden können

- Eine Übersicht über Konfliktformen am Arbeitsplatz
- Eine Erklärung der Dynamik von Konfliktentfaltungen
- Anregungen für eine produktive Konfliktbewältigung
- Eine Darstellung der wesentlichen Aspekte von Konfliktkommunikation
- Eine Erklärung des zentralen Problems im Umgang mit Konflikten

Inhaltsverzeichnis

Einleitung

1

In diesem Text geht es um Situationen des Streits, der Auseinandersetzung, des Konflikts. Solche Situationen des Streitens gelten vielen Menschen als heißes Pflaster, um das sie lieber einen Bogen machen würden. Gleichwohl sind solche Situationen unvermeidlich in unserer modernen Welt, im Arbeits- wie im Privatleben. Wie also kann es gelingen, mit solchen Konfliktsituationen produktiv umzugehen, erfolgreich in der Sache, persönlich befriedigend im Umgang miteinander?

Dieser Text soll Sie in Ihrer Fähigkeit zur produktiven Konfliktbewältigung fördern. Dies soll in drei Schritten geschehen:

- Erstens sollen Sie zu einem vertieften Verständnis gelangen, was sich hinter dem Begriff „Konflikt" verbirgt;
- Zweitens sollen Sie aufmerksam gemacht werden auf kommunikative Fallstricke und Tücken, mit denen Sie in Streitgesprächen rechnen müssen;
- Drittens sollen Ihnen Vorschläge vorgestellt werden, wie Sie versuchen können mit Konflikten produktiv umzugehen.

Dieser Text beruht wesentlich auf Erkenntnissen der Gesprächsanalyse, d. h. der genauen Untersuchung von Gesprächsprozessen. Mit diesem Ansatz können besondere Einsichten in die Mikrowelt des Streitens gewonnen werden, die Tücke im Objekt und der Teufel im Detail erkannt werden. Diese Erkenntnisse werden eingebettet in soziologische und psychologische Studien zum Thema „Konflikt am Arbeitsplatz". Sie können – über diesen Text hinaus – fruchtbar ergänzt werden durch Anregungen zur „Selbsthilfe in Konflikten" (Glasl 2008) und Schopenhauers erhellende Notizen zur „schwarzen Rhetorik" in Konflikten (Schopenhauer 2019).

Das Grundproblem der Konflikt-Bewältigung: Das Ich im Belagerungszustand

2

2.1 Konflikt heißt: Bedrohung des eigenen Ichs

Eine kleine Szene aus dem Arbeitsalltag: Ein Mitarbeiter hatte seiner Chefin eine Vorlage für einen Verhandlungstermin erstellt. Tags darauf: Die Chefin knallt ihm im Vorbeigehen den Ausdruck auf seinen Schreibtisch mit der Bemerkung: „Das ist ja nicht gerade das Gelbe vom Ei."

Was passiert hier? Was geht im Mitarbeiter vor sich? Handelt es sich nur um eine Beurteilungsdifferenz zwischen zwei Angestellten eines Unternehmens? Offensichtlich nicht. Wir spüren: Hier geht es um mehr. Hier geht es um die Würde und das Ansehen des Mitarbeiters. Das heißt: Hier geht es um alles! Hier geht es um Konflikt.

Von Konflikten soll im Folgenden in dem Sinne geredet werden, dass es um Situationen der Bedrohung des Selbstwertgefühls der Beteiligten geht. Nicht jede Situation von Unterschiedlichkeit oder Differenz ist demnach „ein Konflikt". Wenn zwei Menschen eine Meinungsverschiedenheit, z. B. in einer politischen Frage haben, können sie ihre unterschiedlichen Auffassungen vortragen und miteinander diskutieren – und zwar durchaus leidenschaftlich – ohne dass dies zwangsläufig ein Konflikt wäre oder sich dies zu einem Konflikt entwickeln würde[1].

---

[1]Nach dieser Definition erscheinen viele Phänomene des Arbeitslebens, die landläufig als Konflikt gelten, von der Betrachtung hier ausgeschlossen, vor allem sogenannte „Interessenskonflikte" z. B. „Tarifkonflikte". Solche Interessens-„Divergenzen" erscheinen typischerweise im kommunikativen Format des „Verhandelns", bei dem (idealerweise) Fragen des Selbstwertgefühls der Beteiligten keine Rolle spielen. Natürlich kann es in Fällen des Verhandelns geschehen, dass einer der Beteiligten „sein Gesicht zu verlieren" droht – dann allerdings würde eine Interessens-Divergenz in der Tat zu einem Konflikt. (s. ausführlicher 3.5 und 5.4).

W. Pfab, *Konfliktkommunikation am Arbeitsplatz,* essentials, https://doi.org/10.1007/978-3-658-30149-1_2

Die Meinungsverschiedenheit würde erst dann zu einem Konflikt, wenn die Differenz mit einer persönlichen Qualifizierung oder eben Disqualifizierung des Gegenübers verbunden würde, z. B. in der Bemerkung: „naja, Du hast ja noch nie viel von Demokratie gehalten." Nur wenn diese Bemerkung den Anderen in einem für ihn wichtigen Gesichtspunkt seines Selbstverständnisses trifft, kommt es zum Konflikt. Dann aber gleich heftig.

Denn Situationen, in denen wir in Aspekten unseres Selbstwertgefühls getroffen werden, erleben wir als Situationen der Bedrohung. Dieses Moment der Bedrohung gilt für alle Beteiligten. Unabhängig davon, „wer angefangen hat" (immer der Andere), nehmen wir in aller Regel den jeweils anderen als stärker wahr – und dieser tut dies auch. Diese Bedrohung (be-)trifft uns in unserer Existenz, es „geht ans Eingemachte". Und wir reagieren entsprechend, „ganzheitlich": auf der Gefühlsebene mit Empörung, Wut, Angst, auf der körperlichen Ebene mit Kloß im Hals, Magendrücken, Verfärbung, Versteifung des Körpers, auf der kognitiven Ebene mit der Aktivierung eines Feindbildes und geeigneten Interpretationsmustern (s. u.). Die Intensität des Erlebens macht deutlich, wie wichtig diese Situationen sind. In Konfliktsituationen ist unser Ich im Belagerungszustand. Deswegen ist die Aufforderung in Konfliktsituationen „Bleiben Sie doch sachlich!" so verfehlt – es geht eben gerade um das Un-Sachliche, das Persönliche.

Deswegen ist unser Ausgangsbeispiel durchaus geeignet, zum Ausgangspunkt eines Konflikts zu werden (oder zur Fortsetzung eines solchen beizutragen): Dann nämlich, wenn durch die Bemerkung der Vorgesetzten der Mitarbeiter sich in einem wesentlichen Aspekt seines Selbstwertgefühls getroffen fühlt: in dem Aspekt, ein kompetenter guter Mitarbeiter zu sein. Sollte dieser Aspekt für ihn gleichgültig sein, könnte es durchaus sein, dass er den Auftritt seiner Chefin mit Schulterzucken quittiert, sich ohne inneres Engagement an die Überarbeitung macht und ansonsten dem nachgeht, was für *sein* Selbstwertgefühl von Bedeutung ist: z. B. die gedankliche Vorbereitung seiner Kandidatenrede für die Wahl zum örtlichen Karnevalsvereinsvorsitzenden, oder aber er ruht so in seiner Selbstsicherheit, ein kompetenter Mitarbeiter zu sein, dass ihn die Bemerkung eben nicht aus der Ruhe bringen kann und er gelassen und souverän reagieren kann.

Warum erleben wir Situationen des Angriffs oder der Verletzung unseres Selbstwertgefühls in dieser massiven Weise als bedrohlich?

Man kann mit Fug und Recht sagen, dass unser Selbstwertgefühl unser höchstes Gut ist. Unser Selbstwertgefühl erhält uns aufrecht, es verleiht uns Stabilität und Sicherheit, Selbstachtung und Würde, es sagt uns, wer wir sind und was wir können. Ohne ein Selbstwertgefühl hätten wir keinen Bezug zu dem, was uns am wichtigsten ist – uns selbst. Wir können uns dieses Selbstwertgefühls aber nicht per se sicher sein. Dies hat mit Aspekten moderner Gesellschaften und Gesichtspunkten der Ich-Entwicklung zu tun. Mitgliedern moderner Gesellschaften wird ihre Identität nicht „irgendwie" verpasst. Für moderne Gesellschaften gilt, dass ihre Mitglieder sich im Laufe ihres Lebens ihr spezielles eigenes Selbstwertgefühl erarbeiten müssen (nach dem Motto: Jeder ist seines Glückes Schmied). Das bedeutet aber auch, dass Gesellschaftsmitglieder in einem hohen Maße in der Ausbildung ihres Selbstwertgefühls von Anderen abhängig sind – sie müssen in ihrer Identität von Anderen anerkannt werden. Entgegen einer modischen Redensart sei betont: Niemand kann sich allein „erfinden" – er ist im Gelingen seiner Erfindungen immer von der Anerkennung bedeutsamer Anderer abhängig. Und diese Anerkennung kann versagt werden oder sogar umschlagen in ihr Gegenteil: In Demütigung, Entwertung, Degradierung, Beleidigung, Verachtung – Situationen des Konflikts.

Zur Dynamik der Ich-Entwicklung gehört dazu, dass Menschen auch Persönlichkeitsaspekte ausbilden, mit denen sie sich nicht identifizieren (können), die sie verleugnen, nicht wahrhaben wollen und aus ihrem Selbstwertsystem abspalten. Solche „dunklen" Punkte unseres Selbst sind in besonderem Masse empfindlich für Kritik Anderer: Der Andere hat Recht mit dem, was er sagt – wir können es nur nicht ertragen, es zu hören, weil wir „nichts damit zu tun haben wollen". Indem der Andere uns auf diese Aspekte unseres Selbst aufmerksam macht, tut er etwas für uns. Freilich müssen wir genügend Interesse an uns selbst haben, um dies wahrnehmen zu können.

Ein solcher Angriff auf die persönliche Integrität kann im schlimmsten Fall zu tödlichen Gegenreaktionen führen. Der US-amerikanische Soziologe Katz ist der Auffassung, dass in einer Vielzahl von Mordfällen nicht materielle Gier, sondern verletzte Integrität des Täters das Mordmotiv ist. Für das Thema „Konfliktbewältigung am Arbeitsplatz" ist allerdings vielleicht beruhigend, dass die Mehrzahl solcher Fälle nicht am Arbeitsplatz erfolgt, sondern im Freizeitbereich (vorzugsweise Samstag abends) (Katz 1998, S. 21).

2.2   Das Ich auf Arbeit – Vom Dienst nach Vorschrift bis zu entgrenzter Arbeit

Die Verletzlichkeit eines Menschen im Arbeitskontext hängt davon ab, welchen Stellenwert arbeitsrelevante Aspekte seines Selbstverständnisses im Gesamt dieses Selbstverständnisses besitzen und welche selbst-reflexive Haltung er zu diesen Aspekten einnimmt. So hält z. B. eine Person, die als Wissenschaftlerin tätig ist, vielleicht intellektuelle Kreativität für eine wesentliche Eigenschaft ihres Selbstkonzepts und ist von ihrer eigenen Kreativität besonders überzeugt. Wird dieser Person in einer beruflichen Auseinandersetzung intellektuelle Kreativität abgesprochen, wird dies zu einer erheblichen Verletzung dieser Person mit den entsprechenden Reaktionen führen. (Ist sie sich ihrer eigenen Kreativität nicht gewiss, hält sie aber gleichwohl für wichtig, wird die Reaktion noch heftiger ausfallen, s.o.) Hat dagegen eine Person in Merkmalen ihres beruflichen Selbstverständnisses „keine Aktien", sondern sind stattdessen für ihr Selbstverständnis arbeits-ferne Identitätsmerkmale wie „hingebungsvoller Familienvater" oder „toller Sportler" relevant, wird diese Person sich nicht besonders tangiert fühlen, wenn Merkmale ihrer beruflichen Identität attackiert werden. Gibt eine Mitarbeiterin im sprichwörtlichen Sinne ihre Persönlichkeit morgens an der Garderobe ab, wird sie an ihrem Arbeitsplatz nicht in dem Maße verletzlich sein wie ein Mitarbeiter, der sich in hohem Maße mit seiner Arbeit identifiziert und „in ihr aufgeht" (sich „committet"). Unter Bedingungen entgrenzter Arbeit, in denen die Grenzen beruflicher Identität unklar werden, ist daher mit einem höheren Konfliktpotenzial am Arbeitsplatz zu rechnen.

2.3   Festung Ich – Bewehrungen und Ausfälle im Belagerungszustand

So gerüstet kann es losgehen…

Jede Bedrohung der eigenen Identität löst eine Suche nach Sicherheiten, Gewissheiten und Stabilität aus. Der Konfliktforscher Friedrich Glasl bringt es auf den Punkt:

> „Bei einem Konflikt treten nun zwei paradoxe Dinge gleichzeitig auf. (1) Das eine ist eine zunehmende Empfindlichkeit und *Überempfindlichkeit*, ja Verletzlichkeit, die einen hoch sensibel macht für alle in der Kommunikation möglichen *Untertöne* und *Zwischentöne*. (2) Das andere ist das Streben danach, unbedingt Haltung zu bewahren, sich nicht aus der Fassung bringen zu lassen, sich richtiggehend zu panzern und *unempfindlich* zu machen. Was aber durch die kleinste Ritze der Panzerung eindringt, wirkt umso entzündlicher, umso schmerzhafter." (Glasl 2010, S. 39)

Diese Kombination von Verletzlichkeit und Panzerung charakterisiert sehr gut die typische emotionale Befindlichkeit in einer Konfliktsituation, die erhebliche emotionale und kognitive Konsequenzen hat. Das Bemühen, Haltung zu bewahren und sich nicht aus der Fassung bringen zu lassen, „cool" zu bleiben, kann angesichts weitergehender Attacken möglicherweise nicht mehr verfolgt werden – irgendwann reicht's uns und wir zeigen unseren Ärger. Damit aber wird das bis dahin gezeigte Bemühen als solches transparent – und zum Gefühl der Bedrohung gesellt sich das Gefühl der Beschämung, weil die mühsam aufrechterhaltene Fassade nun zusammengebrochen ist. Sie führt außerdem zu einer intensiven Suche nach Sicherheit und nach Halt – wir werden ja bedroht! Diesen Halt finden wir in besonderer Weise in Fixierungen, in stabilen Orientierungen, von denen wir uns Handlungssicherheit versprechen. Solche Fixierungen machen die bedrohliche Situation übersichtlich, klar, einfach und liefern jene gewünschte Handlungssicherheit. Solche Fixierungen vereinfachen die wesentlichen Aspekte einer Konflikt-Situation: unser Bild von uns selbst und unser Bild vom Streitgegner (zu Selbst- und Fremdbild vgl. Pfab, A. 2020).

Im Einzelnen:

- Die Fähigkeit zum komplexen Erleben des kommunikativen Geschehens wird beeinträchtigt, weil „einfache" Wahrnehmungen emotionale Sicherheit versprechen
- Die Aufmerksamkeit wird selektiv auf Bedrohungspotenziale gerichtet, weil diese in Bedrohungssituationen primär relevant sind
- Selbstbestätigungen werden präferiert wahrgenommen, weil sie emotional stabilisieren
- Lebensgeschichtlich frühe, regressive Denk-, Erlebens- und Verhaltensmuster werden aktiviert, präferiert und fixiert, weil sie vertraut sind und Sicherheit versprechen.

So psychologisch nachvollziehbar die Stützung auf Fixierungen ist, so fatal sind doch ihre Folgen für das Konfliktgeschehen selbst. Denn diese Fixierungen verhindern Optionen des Handelns, die gerade in verfahrenen Situationen so dringend gebraucht würden, um einen Konflikt produktiv bewältigen zu können und sie fördern die Entstehung weiterer Missverständnisse:
Fixierung im Selbstbild …

- … auf eigene Relevanzen („was er sagt, interessiert mich nicht") *verhindert* Zuhören auf „nicht passende" Gesichtspunkte
- … auf eigene Schwächen („er durchschaut mich, er merkt, dass …") *verhindert* souveränes Verhalten (self-fulfilling prophecy)
- … auf Positionen („ich will aber …") *verhindert* Erweiterung des Verhandlungsfeldes auf Interessen
- … auf Druck, z. B. Zeitdruck („ich muss …") *verhindert* aufmerksames zuhören.

- … auf Bekanntheit des eigenen Bildes („er kennt mich doch, also muss er doch wissen, dass ich …") *fördert* Fehldeutungen
- … auf eigene Deutungsmuster *fördert* Fehldeutungen

Fixierungen im Fremdbild …

- … auf Gedankenlesen („er will doch …") *verhindert* alternative Deutungen
- … auf Akzentuierung („er ist total …") *verhindert* differenzierte Wahrnehmung
- … auf Zentralisierung („er ist nichts als…") *verhindert* differenzierte Wahrnehmung
- … auf stereotype Bilder („wenn er mein Chef ist, ist er auch …") *führt auf* falsche Fährten
- … auf Gleichheit („ich …, also er auch") *führt auf* falsche Fährten

2.4 Die Dynamik der Konfliktaustragung

Konfliktverläufe zeichnen sich durch eine heikle Dynamik aus, die durch hohe Energie, Geschwindigkeit und Intensität gekennzeichnet ist.

Die Situation wird als bedrohlich erlebt, der Verlauf als außerhalb der eigenen Kontrolle liegend, was das Gefühl der Ohnmacht und geringen Autonomie verstärkt, das Ergebnis als Steigerung der Bedrohung – „es wurde alles nur noch schlimmer".

Was ist das Besondere der Konfliktdynamik, das uns in Konflikt-Situationen zu diesem Erleben führt? Es gibt eine Reihe von Faktoren, die zu dieser Dynamik beitragen:

- die heillose Fixierung auf „Tatsachen"
- der evolutive Sprung
- der reflexive Bezug
- die Verselbstständigung
- Eskalation
- Verschlimmbesserungen

2.4.1 Die heillose Fixierung auf „Tatsachen"

Jedem Streit liegt auch eine Aussage zugrunde, die für eine der Beteiligten nicht akzeptabel ist:

- „das ist nicht das Gelbe vom Ei"
- „Sie sind unzuverlässig"
- „Du bringst nie den Müll runter"
- „Dein Verhalten ist mies."
- „Da ist ein Fehler in Deiner Rechnung."
- „Ich bin besser als Du"
- „Sie haben mich beleidigt."

Eine naheliegende Reaktionsweise gegenüber Aussagen, die für einen selbst nicht akzeptabel sind, ist, diese zurückzuweisen, zu widersprechen, zu bestreiten:

• „das ist nicht das Gelbe vom Ei"	• „Ist es doch"
• „Sie sind unzuverlässig"	• „Bin ich nicht"
• „Du bringst nie den Müll runter"	• „Mache ich wohl"
• „Dein Verhalten ist mies."	• „Ist es nicht"
• „Da ist ein Fehler in Deiner Rechnung."	• „Nein"
• „Ich bin besser als Du"	• „Bist Du nicht"
• „Sie haben mich beleidigt."	• „Hab ich nicht"

Durch „widersprechen" findet die Auseinandersetzung zwischen den Streitparteien anhand der Frage „wie es war" statt, und das Konfliktpotenzial zwischen beiden, ihr angestauter Ärger, entlädt sich an dieser Frage. Ein Grund dafür, warum die Streitbeteiligten ihren Konflikt an der Frage „wie es war" austragen, ist sicher der, dass sie über die Ereignisse emotional distanzierter reden können als über die persönlichen Kränkungen, Verletzungen und Empfindlichkeiten, die mit dem Geschehen verknüpft sind. Ein solcher Diskurs persönlicher Betroffenheit würde implizieren, dass man sich einander seine Empfindlichkeiten offenlegt und sich damit angreifbar macht, eine Konsequenz, die die Beteiligten angesichts der ohnehin verhärteten Verhältnisse wohl scheuen – wenn sie diese denn überhaupt in Erwägung ziehen. Darüber, „was passiert ist" kann man dagegen reden und streiten, ohne sich selbst als Person zur Rede zu stellen und damit angreifbar zu machen – und außerdem lässt sich beim Reden über die Sache manches an persönlichem Angriff „durch die Blume" miterledigen. (vgl. Watzlawick et al. 2016; Nothdurft 1997, Kap. 5).[2]

---

[2]Natürlich gibt es noch andere Reaktionsweisen: Status attackieren („Du hast mir gar nichts zu sagen"), sich rechtfertigen („das hab ich ja nur gemacht, weil ..."), beschwichtigen („reg Dich bloß nicht auf"), aufrechnen („und Du hast gestern ..."). Jede dieser Reaktionsweisen entwickelt ihre eigene Konfliktdynamik, auf die hier nicht eingegangen werden kann. Die häufigste Reaktionsweise ist sicher die des Widersprechens.

Entwickelt sich aus einzelnen Akten des Widersprechens eine Widersprechenssequenz, kommen noch Kontextualisierungseffekte hinzu: Die Tatsache, dass widersprochen wird, gewinnt eine Bedeutung für sich: Zum einen widerspricht man nicht mehr nur, weil man es sachlich für gerechtfertigt hält, sondern „schon aus Prinzip". Zum zweiten stellt jedes Widersprechen zunächst eine Blockade für den Handlungsplan des Anderen dar und führt – wenn sich Widersprechenssequenzen ergeben – zu zunehmender Emotionalisierung. Beide Faktoren können zur Situation des „Widersprechens um seiner selbst willen" führen. In solchen Situationen würden die Konfliktparteien – wie ein professioneller Schlichter bemerkte – „selbst bestreiten, dass sie heißen wie sie heißen" (zitiert in Spranz-Fogasy 1986, S. 143).

Ein weiterer Kontextualisierungseffekt ist, dass durch Widersprechenssequenzen die Aufrichtigkeit und Wahrhaftigkeit der Beteiligten wechselweise infrage gestellt wird, ein Effekt, der dazu führen kann, dass sich der Fokus von der Frage, „wie es war" zur Debatte um die Aufrichtigkeit der Beteiligten verschiebt. In solchen Fällen geht es schon nicht mehr um die Klärung des Konflikt-Geschehens – vielmehr ist der Streit um das Geschehen nur noch untergeordneter Bestandteil eines Charakter-Wettkampfs (Goffman 1975), dessen Ziel die persönliche Diskreditierung des Gegners ist.

2.4.2 Der evolutive Sprung

Ein evolutiver Sprung in den Interpretationsaktivitäten liegt dann vor, wenn a) durch das Redeverhalten des Gegners über eine längere Zeit die Aktivierung einer globalen Wahrnehmungskategorie motiviert wird, um dem Redeverhalten des Gegners Sinn zu verleihen, und b) das eigene Redeverhalten in der Folge von diesem globalen Wahrnehmungseindruck angeleitet wird, und c) das nachfolgende kommunikative Geschehen auf der Folie dieses Eindrucks interpretiert wird. Für einen evolutiven Sprung ist es außerdem charakteristisch, dass das eigene Gesprächsverhalten darauf abzielt, diesen Globaleindruck zu bestätigen.

Diese Eindrucksbildung kommt zustande aufgrund der Auseinandersetzung um thematische Punkte. In solchen Auseinandersetzungen spielen häufig Missverständnisse eine Rolle, die nicht aufgelöst werden oder die sich im Gesprächskontext nicht auflösen lassen. Wenn sich ein Missverständnis durch Reparaturen, d. h. durch sprachliche Anstrengungen der Bedeutungsklärung nicht mehr beheben lässt, wenn der Reparateur also den Eindruck gewinnt, dass das Missverständnis nicht am Einsatz bestimmter sprachlicher Mittel liegt, sondern jedes Mittel scheitert, sucht er nach außersprachlichen Gründen für das Auftreten des Missverständnisses. Hier bieten sich Globaleindrücke über die Person des Gegners an.

Personenbezogene Globaleindrücke liefern Deutungen für alle Arten von Gesprächskomplikationen; der Andere ist „stur", wenn es im Gespräch nicht weitergeht, „bockig", wenn sich Missverständnisse nicht auflösen lassen, „empfindlich", wenn der Streit eskaliert.

2.4.3   Der reflexive Bezug

Der Grundmechanismus der Evolution von Deutungen besteht darin, dass Interpretationen gegnerischen Verhaltens stets auf dem Hintergrund der bis dahin bereits vorgenommenen Interpretationen erfolgen, dass sie diese in Rechnung stellen, superieren, synthetisieren etc., insgesamt also Formen interaktionsgeschichtlicher Kontinuität herstellen. Jede Evolution eines Deutungsmusters hat insofern eine reflexive Struktur. Es lassen sich aber Fälle beobachten, in denen diese reflexive Struktur offenbar ganz wesentlich die Evolution trägt, d. h. dass abstrakte Deutungsmuster nicht so sehr in der Auseinandersetzung mit den gegnerischen Verhaltensakten im Verlauf eines interaktiven Prozesses zustande kommen, sondern durch die reflexive, wieder und wieder erfolgende Beschäftigung mit vorangegangenen *eigenen* Deutungsakten. Die Evolution löst sich in diesen Fällen von ihrem eigentlichen Bezugsobjekt und beschäftigt sich nur noch mit sich selbst. Der Konflikt löst sich vom Geschehen ab. Es handelt sich um eine Tendenz, Interpretationen „gleichsam für sich selbst zu verfestigen, zu begrenzen, konstant zu halten und ihnen den Charakter bestimmter Dinge zu verleihen", wie der Psychologe v. Allesch bereits 1942 schrieb (S. 33).

Das klassische Beispiel für dieses Phänomen des reflexiven Bezugs ist „Der Mann mit dem Hammer" (Watzlawick 1983, S. 37 f.):

„Ein Mann will ein Bild aufhängen. Den Nagel hat er, nicht aber den Hammer. Der Nachbar hat einen. Also beschließt unser Mann, hinüberzugehen und ihn auszuborgen. Doch da kommt ihm ein Zweifel: Was, wenn der Nachbar mir den Hammer nicht leihen will? Gestern schon grüßte er mich nur so flüchtig. Vielleicht war er in Eile. Aber vielleicht war die Eile nur vorgeschützt, und er hat etwas gegen mich? Und was? Ich habe ihm nichts angetan; der bildet sich da etwas ein. Wenn jemand von mir ein Werkzeug borgen wollte, ich gäbe es ihm sofort. Und warum er nicht? Wie kann man einem Mitmenschen einen so einfachen Gefallen abschlagen? Leute wie dieser Kerl vergiften einem das Leben. Und dann bildet er sich noch ein, ich sei auf ihn angewiesen. Bloß weil er einen Hammer hat. Jetzt reicht's mir wirklich. – Und so stürmt er hinüber, läutet, der Nachbar öffnet, doch noch bevor er ‚Guten Tag' sagen kann, schreit ihn unser Mann an: ‚Behalten Sie Ihren Hammer, Sie Rüpel!'"

2.4.4 Die Verselbstständigung

Der Mechanismus der „Verselbstständigung" besteht darin, dass im Verlauf eines längeren Prozesses misslungener Durchsetzung eine abstrakte Orientierung, die dem Verhalten des Streitteilnehmers zugrunde gelegen hat, selbst zum Handlungsfokus wird und zum Instrument, das eigene Interesse durchzusetzen.

Geläufige Beispiele für Verselbstständigungen sind die Phänomene des „Machtkampfs" und die Haltung „es geht ums Prinzip".

Interaktives Resultat von Verselbstständigungen ist die Reproduktion des ursprünglichen dynamischen Musters (Missverständnis, Blockade) auf abstrakterer Ebene, d. h. auf der Ebene handlungsleitender Orientierungen, und damit eine Verfestigung des ursprünglichen Interaktionsresultats.

2.4.5 Eskalationsmuster

Konflikte sind emotional hoch besetzte Ereignisse; Konflikt-Aushandlungen können in Gefühlslagen blinder Wut, aufkeimenden Hasses, heller Empörung, tiefer Verzweiflung oder panischer Angst ausgetragen werden. Diese Gefühlsebene prägt auch das interaktive Geschehen. Dies führt u. a. zu jenen Fällen verbissenen Streitens, in denen die Teilnehmer bei aller Aggressivität dem Streiten gelegentlich offenbar auch etwas Lustvolles abgewinnen können (s. Abschn. 3.3).

Diese Prozesse verlaufen in charakteristischen Bahnen, die umgangssprachlich gekennzeichnet werden als:

- Hin und Her,
- Sackgasse,
- Um den heißen Brei herum,
- Sich ineinander verbeißen,
- Sich gegenseitig hochschaukeln,
- Sich verstricken,
- Generalabrechnung.

Solche Aushandlungsmuster erscheinen oft so, als seien sie das Ergebnis fehlgelaufener Verständigung, fehlender Kooperativität der Beteiligten oder der Verletzung kommunikativer Grundregeln und damit als Ergebnis „gestörter Kommunikation". Solch eine Auffassung beruht jedoch auf einer naiven Vorstellung „reibungsloser" Kommunikation, bei der sich die Beteiligten problemlos

verständigen. Solch eine Auffassung vernachlässigt die besonderen Handlungs-
bedingungen, unter denen Konflikt-Gespräche ablaufen. Im Kontext von Streitgesprächen sind die o. a. Aushandlungsmuster „normal" bzw. für den Prozess der
Auseinandersetzung funktional. Sie sind stets Resultat der besonderen Rahmenbedingungen und der Logik, die dem Konflikt im Einzelfall zugrunde liegen.

In diesen Aushandlungsmustern zeigt sich nämlich in prägnanter Weise das
Beziehungsverhältnis zwischen den Streitparteien selbst: In der Art und Weise,
wie diese kommunikativ mit dem Konflikt umgehen, reproduzieren sie die
Struktur ihres Konflikts selbst und machen ihn damit ggf. deutlicher als mit dem,
was sie über ihren Streit aussagen. Die Dynamik des Aushandlungsmusters liefert
somit einen Schlüssel zu einem besseren Verständnis des Konflikts.

Zwei dieser Muster sollen in ihrer Kommunikationsstruktur etwas genauer
beleuchtet werden.

Aufrollen der Konflikt-Geschichte

In diesem Muster geraten die Streitparteien immer mehr in eine Auseinandersetzung
über Konflikt-Hintergründe und bewegen sich immer mehr von einer Orientierung
auf eine Einigung weg. Dieses Muster kommt dadurch zustande, dass die Streitparteien Konflikt-Ereignisse unterschiedlich „interpunktieren" (Watzlawick et al.
1969). Was A als auslösenden Umstand für sein eigenes Verhalten verdeutlicht, wird
von B als Reaktion auf ein vorhergegangenes Verhalten von A dargestellt. Dieses
Moment gegenseitiger Schuldzuweisung sorgt für die Dynamik in diesem Muster
und das Auslöse-Reaktions-Schema gibt die Richtung der Bewegung an. Durch
diese divergierenden Ursache-Folge-Interpunktionen werden immer mehr, immer
tiefer in die Konflikt-Geschichte zurückreichende Ereignisse zur Sprache gebracht,
die Konflikt-Geschichte wird gleichsam „aufgerollt". Dadurch werden die Vor-
kehrungen dafür geschaffen, dass „alles wieder hochkommt" und eine Generalabrechnung stattfindet.

Eskalation des Konflikts

Konfliktgespräche zeichnen sich in besonderer Weise durch Eskalationen aus
– und dadurch, dass die Beteiligten in der Regel von ihnen „überrollt" werden.
Fassungslos stehen dann oft beide Parteien vor desaströsen Ergebnissen: „Das
wollte ich nicht!". Das Fatale an Konflikteskalationen ist, dass sich ihre Dynamik
in der Regel aus kleinsten Anfängen unbemerkt entwickelt und eine Eigen-
dynamik entfaltet, die auf Konfliktteilnehmer geradezu übermächtig wirkt.

Der Konfliktforscher Friedrich Glasl hat neun Stufen, in denen Konflikteskalationen sich entwickeln, modellhaft in folgender Weise charakterisiert:

Jede Eskalation beginnt aus „kleinen Verhältnissen", sie bildet sich aus Momenten des Konflikt-Prozesses, die – einzeln betrachtet – an sich korrigierbar wären, die aber – zusammenwirkend – den „Nährboden" bilden, auf dem sich Eskalationsmomente „härteren Kalibers" entwickeln können.

In der ersten Stufe prallen zwar unterschiedliche Standpunkte aufeinander und es kommt gelegentlich zu Verhärtungen, aber beide Parteien sind davon überzeugt, den Gegensatz durch ein Gespräch lösen zu können. Bis auf kleine Ausrutscher, die aber zu diesem Zeitpunkt niemand „krumm nimmt", verhalten sich beide Parteien im Gespräch kooperativ.

In der zweiten Stufe (**Debatte**) wird zwar noch argumentiert, aber dieses Argumentieren verliert seinen Charakter als Wettkampf der besseren Argumente und entwickelt sich zu einem krampfhaften „Ich muss gewinnen!". Der Ton wird gereizt. Zugleich findet eine Veränderung der Wahrnehmung auf der Beziehungsebene statt: Der andere wird aufgrund der Tatsache, dass er eine andere Position als man selbst vertritt, nunmehr als Gegner wahrgenommen. Darüber hinaus sucht man nach Verbündeten, um die eigene Position zu verstärken, und weitet damit den Konflikt personell aus.

In der dritten Stufe (**Taten**) meint man deutlich machen zu müssen, dass man die eigene Haltung konsequent vertritt: man lässt den Worten Taten folgen („Strategie der vollendeten Tatsachen"). Dies tut man im Bewusstsein, dazu vom Anderen gezwungen worden zu sein, da dieser „eine andere Sprache ja wohl nicht versteht". Damit verbunden ist dementsprechend eine durchweg negative Wahrnehmung des Anderen. Auf diesem Boden nun gedeihen Fehlinterpretationen des Verhaltens des Anderen, die von einer „pessimistischen Antizipation" angeleitet sind: Man beginnt dem Anderen „alles" zuzutrauen. Für diese Wahrnehmungshaltung sucht man ab jetzt Bestätigungen.

Ab der nächsten Stufe beginnt man sich so zu verhalten, dass der Andere zu Handlungen gedrängt wird, die die eigenen Vorurteile ihm gegenüber verstärken. Es kommt zum Auftreten sich selbst erfüllender Prophezeiungen, die die eigene Wahrnehmungsgrundlage verstärken. Gleichzeitig hat man inzwischen Wut im Bauch. Man beginnt erste kleine „Strafexpeditionen", d. h. Handlungen, die sich nicht mehr auf die eigentliche Auseinandersetzung beziehen, sondern deren Sinn nur darin liegt, den Anderen zu verletzen, zu kränken etc. Diese Strafexpeditionen werden so ausgeführt, dass ihre Funktion vehement bestritten werden könnte. Gleichzeitig werden Koalitionen mit Anderen verstärkt und über die sachliche Übereinstimmung hinaus auf emotionale Bindungen und Loyalitäten gestützt („Du bist doch mein Freund, da musst Du mich jetzt gegen ihn unterstützen."), was Rückzugsmöglichkeiten bzw. die Auflösung der Fronten erheblich erschwert.

In der nächsten Stufe (**Gesichtsverlust**) hat sich die Auseinandersetzung weitgehend auf die Beziehungsebene verlagert: Es geht mittlerweile nicht mehr um unterschiedliche Standpunkte, sondern um die Wahrung des eigenen Ansehens und die Demaskierung und moralische Degradierung (Garfinkel 1974) des Gegners. Wesentliches Moment in dieser Phase ist die „Inszenierung von Enttäuschung" über den anderen in Form spontaner Erkenntnis seines „wahren Charakters", sowie rückwirkender Interpretationen abgelaufenen Geschehens („Jetzt wird mir alles klar – Du hast schon seit damals …!""). Die Gegner-Einstellung wird körperlich spürbar: Man empfindet Ekel und Widerwillen vor dem Anderen.

Bis dahin haben sich die beiden Parteien derart in ihren eigenen Haltungen „eingemauert", dass sie „auf normalem Wege" nicht mehr zu Entgegenkommen zu bewegen sind. Das Beharren auf dem eigenen Standpunkt wird vielmehr als unerlässliche Bedingung eigener Selbstachtung betrachtet. Den Anderen zur Aufgabe seiner Position zu bewegen, wird damit immer dringlicher. Folglich wird in der nächsten Stufe auf Drohstrategien zurückgegriffen um den Anderen doch noch zum Nachgeben zu bewegen – eine Haltung, die typischerweise zum gegenteiligen Effekt führt: zur Gegendrohung. Drohungen sind in hohem Maße selbstbindend, legen den Drohenden auf den Vollzug angedrohter Handlungen fest und programmieren damit eine weitere Zuspitzung vor. Sie lassen ihn das Geschehen als Bewährungsprobe für eigene Glaubwürdigkeit empfinden und führen damit ein weiteres zuspitzendes Moment in die Konflikt-Eskalation ein. Die Auseinandersetzung ist nunmehr zum reinen Machtkampf mutiert.

Die nächste Stufe ist dadurch gekennzeichnet, dass man das Scheitern der eigenen Drohstrategie erkennen muss und sich zur Ausführung einer angedrohten Handlung gezwungen sieht (**Begrenzte Vernichtungsschläge**). In dieser Stufe findet ein verhängnisvoller Einstellungswandel statt: Eigener Schaden, der durch das Handeln entsteht, wird als Gewinn betrachtet, wenn er nur geringer erscheint als das, was man meint dem Anderen angetan zu haben. Die eigene Unverletzlichkeit wird zur Disposition gestellt.

Auf dieser Grundlage kann es dann rapide auf den Abgrund zugehen. Auf der nächsten Stufe (**Zersplitterung**) geht es nur noch um die Zerstörung des Gegners, und zwar am Ende sogar um den Preis der Selbstvernichtung (**Gemeinsam in den Abgrund**).

2.4.6 Verschlimmbesserung

‚Verschlimmbesserungen' sind Aktivitäten im Konfliktverlauf, die von der Absicht getragen sind, den Konflikt zu entschärfen, ihn einzudämmen, die Wogen zu glätten etc., faktisch aber dazu beitragen, dass der Konflikt eskaliert, sich zuspitzt oder ausweitet, Aktivitäten also, durch die noch „Öl ins Feuer" gegossen wird. Solche Verschlimmbesserungen kommen zustande, wenn gut gemeinte Anstrengungen unbeabsichtigt den „Nerv" der Konfliktauffassung des Gegners treffen. Ist z. B. für eine Konfliktpartei entscheidend, dass der Andere angefangen und den Konflikt verschuldet hat, wird er den Vorschlag einer Sprachregelung „wir haben beide daran gedreht" empört zurückweisen und als weiteres Manöver der Ablenkung von Schuld interpretieren. Die vermeintliche Lösung reproduziert das Problem[3].

---

[3]Ausführlich diskutieren Watzlawick, Weakland & Fisch in ihrem Klassiker „Lösungen" (1992) die Logik solcher Prozesse.

Tücken des Konflikts: Konfliktkommunikation... 3

3.1 ... zwischen Ernst und Spaß: die Mehrdeutigkeit von Konflikten

Konflikt-Situationen unterscheiden sich im Grad ihrer Deutlichkeit: In Fällen, in denen die Beteiligten sich wutentbrannt gegenseitig anschreien, ist klar: hier ist Streit. Am anderen Ende der Skala sind jene Situationen, in denen unklar ist „wie es gemeint ist". Dies kann strategisch ausgenutzt werden...:

> „Aufziehen, Hänseln, Verspotten, Lächerlich machen etc. werden eingesetzt, um Eigenheiten einer Person (oder Struktur) offenzulegen und zu bewerten – aber stets unter dem Vorbehalt, dass das ‚ja gar nicht böse gemeint' ist. Die Zensoren können sich auf diese Weise immer hinter die Deckung der Doppeldeutigkeit begeben: sie haben eine bittere Wahrheit ausgesprochen, diese aber zugleich entschärft; der Treffer sitzt, aber man darf nicht verletzt sein, sondern muss gute Miene zum (bösen!?) Spiel machen." (Neuberger 1995, S. 155)

Und macht man keine gute Miene zum bösen Spiel, ist man doppelt diskreditiert.

Das Oszillieren zwischen Spaß und Ernst ist für manche Formen des persönlichen Angriffs gerade typisch: Jugendliche die sich „dissen", attackieren sich in erheblichem Ausmaß, aber diese Attacken sind gerade so überzeichnet, dass sie nicht „wirklich" verletzen; es geht darum, sie möglichst witzig und schlagfertig zu parieren und damit seinen Gruppenstatus zur Schau zu stellen und zu bewahren – es ist ein „character contest", ein Spaß mit ernstem Hintergrund. Und natürlich kann der Spaß (wie jeder Spaß) in Ernst umschlagen. Praktiken wie „frotzeln", „verarschen", „auf den Arm nehmen", oder „aufziehen" gehören ebenfalls in diese Kommunikations-Familie (Pfab, W. 2018).

© Der/die Herausgeber bzw. der/die Autor(en), exklusiv lizenziert durch Springer Fachmedien Wiesbaden GmbH, ein Teil von Springer Nature 2020
W. Pfab, *Konfliktkommunikation am Arbeitsplatz*, essentials,
https://doi.org/10.1007/978-3-658-30149-1_3

Was hier relevant ist, wird kommunikationstheoretisch als „Rahmen" oder „Rahmung" bezeichnet. Rahmen legen fest, wie etwas gemeint ist oder was etwas bedeutet.

Das Moment der Rahmung macht aber nicht nur eine Tücke von Konflikten aus, sondern bietet auch eine Möglichkeit der Konflikt-Bewältigung: Man kann Konflikt-Situationen „entspannen", z. B. indem man – jedenfalls in bestimmten Fällen – über sie lacht, einen Scherz macht oder einen Rahmenwechsel vorschlägt (s. Abschn. 5.7).

3.2   … unter Beobachtung: die Bedeutung der Zuschauer

Die Mitarbeiterin einer Krankenhaus-Station beklagt sich: „Meine Chefin hat mich gestern in den Senkel gestellt. In der Sache hatte sie schon recht gehabt. Was ich so bitter fand, war dass die ganze Station es mitgekriegt hat."

Für Konfliktprozesse ist es von entscheidender Bedeutung, ob sie „unter vier Augen" ausgetragen werden oder unter „Zuschauer-Beteiligung". In letzterem Fall entsteht zum einen zusätzlich Druck durch den Zwang, sich vor Anderen zu profilieren, beweisen oder behaupten zu müssen. Hinzu kommt das wichtige Moment der Beschämung. Zum zweiten verwandelt sich aufgrund der Zuschauer-Beteiligung das Konfliktgeschehen in eine „Vorführung". Man hat nun zwei Adressaten gleichzeitig: den Streitgegner und die Zuschauer. Und durch die „Zuschauer" erhält das Konfliktgeschehen automatisch auch Unterhaltungscharakter.

3.3   … voller Lust

Aber es sind nicht nur die Zuschauer, die Konfliktgeschehen als Vergnügen und damit lustvoll erleben, auch die Streitparteien selbst können mit ihrem Streit lustvolle Momente erleben (der Kommentar einer Mitarbeiterin nach erfolgreicher Streitschlichtung in ihrer Abteilung: „Früher wars lustiger"!). Die Erregung, in die Streitparteien hineingeraten können, kann durchaus in Lust umschlagen, den Anderen „fertig zu machen", ihn „zur Sau zu machen". Erregung wird in solchen Fällen gepaart mit Macht- und Unterwerfungsfantasien, die dann lustvoll ausgelebt werden – auch wenn der „Kater" oft genug schon wartet („wie habe ich mich nur so hinreißen lassen").[1]

3.4 … als gemeinsame Aktion: Koalitionen und Solidaritäten

Konflikte können Kreise ziehen – so wie ein ins Wasser geworfener Stein immer mehr Wasser in Wellen und Bewegung versetzt, können Konflikte zunehmend mehr Personen zu Beteiligten machen und damit den Charakter des Konflikts verändern, in der Regel verstärken. Ein Streit zwischen Mitarbeitern wird dann zum Streit zwischen Abteilungen oder „Lagern". Auch der Zeugenwettkampf gehört in diese Familie von Streitphänomenen. Personale Streitausweitungen sind immer möglich, sei es, dass andere Beteiligte eigene Interessen mit einem Streit verbinden (einen Stellvertreter-Krieg schüren, um einem Gegner zu schaden), sei es, dass man als Streitbeteiligter Unbeteiligte „in die Pflicht nimmt", sich auf die eigenen Seite zu schlagen („Du als mein Freund / Bruder / Kollege/ Mitglied / … musst jetzt …").

3.5 …und die Objekte der Begierde: vermeintliche Interessen und symbolische Güter

Zu Beginn war schon darauf hingewiesen worden, dass das Arbeitsleben durch massive Interessensgegensätze geprägt ist, die ihren Ausdruck z. B. in Tarifverhandlungen oder Auseinandersetzungen zwischen Geschäftsleitung und Betriebsrat finden. Zum Fall eines Konflikts werden solche Differenzen dann, wenn der Gegenstand der Differenz irgendwie mit dem Status (eines) der Beteiligten verknüpft wird – dann wird der Gegenstand gleichsam status- (und damit selbstwert-)mäßig *aufgeladen* – er wird zum symbolischen Gut bzw. zum Statussymbol. Die kommunikative Tücke besteht in diesem Fall darin, dass der materielle Aspekt des symbolischen Gutes zur Rationalisierung der eigenen Haltung funktionalisiert werden kann: Man beansprucht den größeren

---

[1]Aus Studien zu Gewaltexzessen (Hooligans, Demos) weiß man, dass die Beteiligen solche Auseinandersetzungen durchaus lustvoll erleben (z. B. als „euphorische Gefühlserlebnisse" (Eckert et al. 2000, S. 425), andere sprechen von „Bauchkribbeln (ibid., S. 381), von „Kick" (Liell 2003, S. 148) oder „Rausch" (Tertilt 1996, S. 88, auch Willems 1997).

Dienstwagen für sich, weil man eben „häufiger unterwegs" ist als der ebenfalls interessierte Kollege.

3.6   … im System

Kein Konflikt spielt sich im luftleeren Raum ab – alle Konfliktbeteiligten sind eingebunden in soziale Beziehungen, in Gruppen, Teams, Familie, Vereine, Abteilungen. Dadurch erhält jeder Konflikt auch einen Stellenwert in dem jeweils relevanten Kontext, er erhält eine Funktion. Mitunter ist es gerade oder vor allem diese Funktion, die einen Konflikt erzeugt oder ihn aufrechterhält. Der Streit zwischen zwei Teammitgliedern bietet den Anlass und die Gelegenheit für zwei Untergruppen im Team, als Untergruppe mal wieder enger zusammenzurücken und sich zu solidarisieren, ein Streit zwischen zwei Mitarbeitern bietet den Kollegen die Gelegenheit, mal wieder nach dem starken Mann (dem Abteilungsleiter) zu rufen und ihm einen starken Auftritt zu ermöglichen – oder ihn als führungsschwach „vorzuführen", je nachdem, was das System braucht.

Es empfiehlt sich daher, bei einem Konflikt darauf zu achten, *wer noch* an ihm beteiligt ist. Relevant ist dies besonders, wenn es sich bei einem Konflikt um eine – verdeckte – Intrige handelt: Der Intrigant (I) bedient sich eines – nichts ahnenden – Vollstreckers (V), um seinem Opfer (O) zu schaden, z.B. dadurch, dass er V mit (falschen) Informationen über O „füttert". Er kann dann darauf hoffen, dass V ahnungslos die „Drecksarbeit" an O für ihn erledigt (Thaus 1994).

3.7   … als Spiel

In manchen Konflikten ist nicht das vordergründige Thema oder der angesprochene Gegenstand das Wesentliche, sondern ein Zusammen-Spiel untergründig wirkender Motive, die dafür sorgen, dass die Kontrahenten immer wieder aneinandergeraten und ihre Auseinandersetzungen immer wieder nach dem gleichen Muster ablaufen. In diesem Sinne spricht man von „Spielen" (Pfab, W. 2020).

Es handelt sich um Interaktionsmuster, in denen einer der Teilnehmer den Anderen zur Erfüllung eigener Bedürfnisse funktionalisiert. Das Zusammenspiel ist dadurch gewährleistet, dass der Mitspieler an seiner „schwachen Stelle" getroffen wird, z. B. in dem Spiel „„Jetzt hab' ich Dich erwischt, Du Schuft!'. Dieses Spiel spielt jemand, der einem Anderen Fehler und Irrtümer nachweisen möchte und entsprechend die Situation häufig so gestaltet, dass dem Anderen

Fehler und Irrtümer passieren. Spielt dieser Andere von seiner Seite aus das Spiel 'Tritt mich!', so ergänzen sich die beiden Spieler komplementär und jeder kann sich fortwährend in seiner Grundeinstellung, in seinem Lieblingsgefühl und in seiner Lieblingsüberzeugung bestätigen!" (Schlegel 1984, S. 117). Andere Spiele sind:

- Provokation
- Erschrecken
- Cool
- Hysterie
- Verbitterung

In solchen Spielen erscheinen die Verhaltensweisen und unbewussten Bedürfnisse der Beteiligten auf unheilvolle Weise aufeinander zugeschnitten.

3.8 … als Ritual

Bisweilen wundert man sich, worüber Menschen sich streiten – um „Kleinigkeiten" und „Kinkerlitzchen". Doch ist es gerade das „Kleine", das „Minimale", das in vielen Fällen wichtig ist. In solchen Fällen kann es nämlich sein, dass ein massiver, extrem bedrohlicher Konflikt in kleinen Einheiten und Episoden ausgetragen und damit erträglich wird. Er wird ritualisiert. Das regelmäßige Scharmützel zweier Mitarbeiter im Verlauf jeder Teamsitzung ritualisiert einen Strukturkonflikt innerhalb eines Teams, der nicht gelöst werden kann. Aus ethnologischer Perspektive dienen Rituale zur Bewältigung von Bedrohungsgefühlen und Ängsten (Malinowski 1931). Dieses Bedrohungsmoment wird durch Ritualisierung gemindert (Pfab, A. 2018). Aus dieser funktionalen Bestimmung erst erklärt sich die Relevanz von Regeln und gleichförmigem Ablauf in Ritualen: Regeln sichern, dass das Ritual nicht in Alltagshandlungen ‚umschlägt'; der gleichförmige Ablauf erzeugt Erwartungssicherheit.

4.1 Die kulturelle Vielfalt des Streitens und der Streitbewältigung

Ratgeber zum Thema Konfliktbewältigung teilen uns eindringlich mit, wie gut, wichtig und wertvoll es ist, mit einer positiven Einstellung an Fälle der Konfliktbewältigung heranzugehen, Konflikte offen anzugehen, Bereitschaft zum Konflikt zu zeigen, usw., all dies wird wortreich, ausführlich und gut begründet.

Indes – es nutzt nicht viel, die meisten von uns wollen nicht! Die meisten Menschen machen (immer noch) einen großen Bogen um Situationen, in denen „dicke Luft" herrscht, versuchen „es gar nicht erst so weit kommen zu lassen", ziehen sich zurück, wenn Krach droht, und nehmen den Fehdehandschuh erst auf, wenn es nicht mehr anders geht.

Es ist so – allen Beschwörungen von Konfliktbereitschaft zum Trotz („Streiten verbindet"), ziehen die meisten von uns Verbindungen anderer Art vor, haben die meisten von uns ein mulmiges Gefühl, lassen sich nur beklommen auf Auseinandersetzungen ein und sehen zu, möglichst schnell wieder aus ihnen herauszukommen. Allen Empfehlungen und Warnungen zum Trotz: wir sind Virtuosen der Konfliktvermeidung. Da ist vielleicht das einzige, was diese vielen Ratgeber tatsächlich bewirken, die Erzeugung eines schlechten Gewissens – „Ich weiß, eigentlich müsste ich die Sache offensiv angehen und sollte den Konflikt nicht scheuen – aber ich traue mich nicht. Bin ich jetzt sozial unterentwickelt?".

Die meisten von uns sehen Streit und Auseinandersetzung eben mit gemischten Gefühlen entgegen, und diese Haltung muss tief verwurzelt sein, dass sie so hartnäckig all den Empfehlungen widerstehen kann. Für unsere Kultur kann man sicher eine kollektive Einstellung feststellen, die sich auf die Formel „Bloß kein Streit!" bringen lässt.

Diese Haltung mag mit der verbreiteten Denkweise über Konflikte als Zusammenprall von Kräftenund den damit einhergehenden Vorstellungen und Empfindungen zusammenhängen. Das Vorstellungsbild des Zusammenpralls mag auf emotionaler Ebene Momente wie Schmerz, Knall und Schock assoziieren. Diese Einstellung mag auch damit zusammenhängen, dass unsere Kultur Momente wie Lust, Leidenschaft, Emotionalität seit dem 18. Jhdt. systematisch dem Thema Streiten ausgetrieben hat und stattdessen Kommunikationsideale der Sachlichkeit, Rationalität, Offenheit und Deutlichkeit propagiert. Im Streit „polemisch" zu werden oder „persönlich", erscheint uns in den meisten Fällen degoutant, und die Forderung nach Sachlichkeit eine blanke Selbstverständlichkeit. Konnten Martin Luther und seine Zeitgenossen noch auf das Heftigste verbal aufeinander einschlagen (Schwitalla 2010), wurden schon im 18. Jhdt. „Verhaltensweisen wie die des Professors Bahrdt in Gießen, der auf seinem Katheder seine Gegner nicht nur mimisch abkonterfeite, sondern dabei auch noch ausspuckte (…) als gesellschaftsunfähig in Acht gesetzt." (Oesterle 1986, S. 110)

Während für uns – auch aufgrund der Kräfte-Metapher – ein typisches Ziel von Streitaustragung ist, sich durchzusetzen, „sein Recht" zu bekommen, zu gewinnen, etc., spielt in anderen Kulturen das Ziel, einen Konsens zu erreichen, eine wesentlich größere Rolle, und folglich sind die Anstrengungen eher darauf gerichtet, eine für alle Parteien akzeptable Übereinkunft zu schaffen. In wiederum anderen Kulturen ist der Gedanke der Balance für alle Betrachtungen von Kommunikation – und damit auch für Konflikt – zentral und Anstrengungen der Konfliktbewältigung sind v. a. darauf ausgerichtet, das Gleichgewicht zwischen den Streitbeteiligten wiederherzustellen, und die Frage, wer „Sieger" und wer „Verlierer" ist, spielt logischerweise keine Rolle (Young 1994; Brenneis 1988; Nothdurft und Spranz-Fogasy 1986).

4.2   Raue Töne, tückisches Zischeln und fieses Schweigen – Konfliktkulturen am Arbeitsplatz

4.2.1   Der Arbeitsplatz: Identitätsentwicklung und Identitätsbedrohung

Die meisten Menschen in unserer Kultur verbringen einen Großteil ihrer Tageszeit (und mache auch Nachtzeit) am Arbeitsplatz. So ist – jedenfalls in unsere Kultur – der Arbeitsplatz ein zentrales Feld unserer Identitätsbildung und eine vielfältige Arena unserer Selbstdarstellung. Wer wir sind, bestimmen wir wesentlich auch darüber, wer wir am Arbeitsplatz sind.

Gleichzeitig gilt für Arbeit aber, dass sie fremdbestimmt ist. Damit entsteht ein Widerspruch zum Selbstwertgefühl eines Menschen am Arbeitsplatz, da für diesen das Moment von Autonomie und Selbstbestimmung wesentlich ist. Das Verhältnis am Arbeitsplatz ist ein Machtverhältnis. Der Arbeitsplatz beinhaltet damit ein grundsätzliches Konfliktpotenzial für das Selbstwertgefühl. Dies gilt unter Bedingungen von Rationalisierung, Ökonomisierung und Arbeitsdruck als fremd-bestimmten Momenten in besonderem Maße.

„In der Theorie erschienen diese Widersprüche gleichsam derart zusammengezogen, daß sie jederzeit explodieren mußten und man sich gar nicht vorstellen konnte, wie sie noch einen Tag länger auszuhalten seien. In Wirklichkeit aber werden sie durch ein schwer zu beschreibendes System von Witzen, heimlichen Boykotts, spontanen Wutausbrüchen, aber auch von Gesprächen über Kleider, Wetter, Familie, durch alle möglichen Verrenkungen, Grimassen, durch Schabernack und Maskeraden, durch eine merkwürdige Gemütlichkeit und Gemächlichkeit ausbalanciert" (Schneider, Peter zitiert in: Volmerg 1978, S. 117).

Die Arbeitssoziologie (z. B. Schimank 1981; Volmerg 1978; Hoffmann 1981) hat – insbesondere im Zuge des Programms der Humanisierung der Arbeitswelt – bereits seit längerem eine Vielzahl von Praktiken beobachtet, mit denen Menschen versuchen, mit diesem Konfliktpotenzial umzugehen – diese Praktiken reichen von Überidentifikation mit dem Job über Formen der Distanzierung (Nebenbeschäftigungen, Spiele, Tagträume) bis hin zu Formen des Widerstands (Renitenz, Insubordination, Pfuschen, Schikanen, Aggressionen, Ausflippen).

4.2.2 Von Wut und Gewalt zu Empathie und Gespräch: der Wandel westlicher Arbeitskultur

Im Verlauf des 20. Jahrhunderts hat sich in der westlichen Arbeitswelt ein wesentlicher Kulturwandel vollzogen: War die Arbeitswelt zu Beginn dieses Jahrhunderts noch von Prinzipien von Befehl und Gehorsam, von Klassenbewusstsein und manifesten Gewaltverhältnissen geprägt, stellte sich, insbesondere mit Ausdehnung des Managementbereichs in Unternehmen, zunehmend eine andere „Tonlage" ein – eine Tonlage, die wesentlich von psychologischen Einflüssen bestimmt war. Der „menschliche Faktor" rückte zunehmend ins Zentrum der Bestimmung der Arbeitswelt und damit eine Rede- und Denkweise, die von Prinzipien der human-relation-Bewegung und der sogenannten humanistischen Psychologie bestimmt war. Für die Arbeitskultur wurden Vorstellungen von Empathie, Akzeptanz und Perspektivenübernahme wichtig. „Kommunikation" erhielt eine

Schlüsselstellung in diesem Konzept von Arbeit (vgl. Illouz 2007; Pfab, W. 2020b). Heutzutage zeigt sich diese Rede- und Denkweise prägnant in Unternehmensleitbildern. Entsprechend wandelten sich auch die Vorstellungen von Konflikt und von Konfliktbewältigung:

Konflikte am Arbeitsplatz werden nicht mehr als Ausdruck von Klassengegensätzen interpretiert, sondern als persönliche Angelegenheiten. Ausdrucksformen von Konflikten, die von hoher Emotionalität (Wut) bestimmt waren, gelten nicht mehr als zeitgemäß, Konfliktbewältigung soll zunehmend in diskursiver Weise erfolgen („wir müssen darüber reden") und nicht in (handfester) Aggression.

4.2.3 Abteilungsmentalitäten und die Rolle von Konflikten

Abteilungsmentalitäten sind kollektiv geteilte emotionale Haltungen, die die Mitarbeiter einer Abteilung, eines Teams oder einer anderen operativen Arbeitseinheit miteinander verbinden und die maßgeblichen Einfluss auf das Arbeitsverhalten und die -einstellung sowie auf das Arbeitsklima haben. Solche Mentalitäten sind den Beteiligten in der Regel nicht bewusst. Der Konfliktforscher Glasl (2013) hat unter Rückgriff auf eine Typologie des Psychoanalytikers Richter vier Mentalitäten als besonders konflikt-problematisch ausgemacht:

- Die Kreuzritterschar
- Das Theater
- Das Sanatorium
- Die Festung

Die Kreuzritterschar: Die Mitglieder der Arbeitseinheit sind von einem gemeinsam geteilten Sendungsbewusstsein erfüllt; es besteht das Bestreben, die Umgebung zu dominieren und neues Gelände zu okkupieren. Diese strikte Außen-Orientierung lässt interne Konflikte nebensächlich erscheinen. Sofern intern eine hierarchische Machtstruktur besteht, erfolgt die Regelung von Konflikten über Entscheidungen des „Kopfes" und seiner „Palatine".

Das Theater: „Die Angehörigen der Organisation jagen ständig dem Erfolg nach. Sie führen füreinander oder für die Außenwelt Shows auf, um sich durch den Applaus zum Weiterspielen der Shows animieren zu lassen." (Glasl 2013, S. 176). Die Arbeitseinheit orientiert sich am Prinzip der Grandiosität. Konflikte werden nicht vermieden – ihre Durchführung erfolgt als dramatische

Inszenierung, als „turbulent-spektakuläre <s> Treiben" (S. 177) und dient den Beteiligten primär zur Zur-Schaustellung ihrer Fähigkeiten.

Das Sanatorium: Der dominante Affekt dieser Mentalität ist die Angst vor Vernichtung der Arbeitseinheit, z. B. durch rivalisierende Wettbewerber. Dementsprechend wird von den Beteiligten alles abgewehrt, was als Bedrohung empfunden werden könnte. Folglich werden Auseinandersetzungen möglichst vermieden. Die Arbeitseinheit bemüht sich, ein Verständnis von „großer harmonischer Familie" aufrechtzuerhalten. Im Verhalten erwartet man gegenseitig „Höflichkeit, Freundlichkeit und Wohlwollen"; es besteht <…> eine Kultur der Firmenfeiern, der Geschenke <…>, die mit Nachdruck den Harmoniegeist" unterstreicht (S. 173). Abweichungen werden streng bestraft.

Die Festung: Bei dieser Mentalität erlebt sich die Arbeitseinheit in einem ständigen Abwehrkampf gegenüber der als feindselig wahrgenommenen Umgebung. Glasl spricht von „paranoider Abwehrhaltung" (S. 175). Anders als im Fall des Sanatoriums ist für diese Mentalität das Moment des „Kampfes" bestimmend. Die Arbeit ist geprägt davon, sich gegenüber der „bösen" Umgebung behaupten und vermeintliche Attacken abwehren zu können und interne Abweichler als „Verräter" zu enttarnen. Glasl beobachtete in einem Forschungsinstitut: „Wer der Norm der Organisation entsprechen wollte, musste bei verschiedenen Gelegenheiten beweisen, dass er das hinterlistige Ränkespiel der Umgebung als ‚Angriffsvorbereitung' durchschaue. Dazu wurde von den Mitarbeitern der Organisation eine erstaunliche Spitzfindigkeit an den Tag gelegt, die von der Führungsspitze immer honoriert wurde." (S. 176)

4.2.4 Explosion und Implosion: heißes und kaltes Konfliktklima am Arbeitsplatz

Bei Konflikten am Arbeitsplatz wird man zunächst an Situationen denken, in denen Mitarbeiterinnen lautstark aneinandergeraten und sich Konfrontationen in „kürzeren, heftig explosiven Handlungen entladen" (Glasl 2013, S. 72). Ist dies die vorherrschende Weise, in der Konflikte in einer Arbeitseinheit ausgetragen werden, spricht Glasl von einem „heißen" Konflikt-Klima mit „aufputschender Tendenz". Beide Seiten sind von der Überzeugungskraft der eigenen Position begeistert und die jeweilige Gegenseite wird „<…> bagatellisiert oder einfach übersehen." (S. 71). Sind ganzen Gruppen involviert, erfolgt eine starke Führerorientierung.

Glasl macht jedoch darauf aufmerksam, dass Konflikte keineswegs immer in der Form „lauten Streitens" „Krachs", oder anderer Formen manifester Auseinandersetzungen verlaufen. In vielen Organisationen beobachtete er stattdessen ein „kaltes" Konfliktklima:

> „Man vermeidet eine Auseinandersetzung weil man es aufgegeben hat, einander überzeugen zu wollen. In kalten Konflikten wird im allgemeinen eine sehr große Erfindungsgabe im Konstruieren von Ausweich-Prozeduren, Kontakt-Vermeidungs-Verfahren und dergleichen entwickelt. Solche Prozeduren werden danach in die bestehende Organisation integriert. Damit nehmen die formalisierten Prozeduren der Verhaltensregulierung immer mehr überhand. Die Organisation neigt dazu, zu versteinern, zu erstarren und unter einem Wust von solchen Ausweich-Prozeduren zu ersticken. Einmal geschaffen, beständigen diese Prozeduren dieses Verhalten noch mehr. Nach und nach bildet sich zwischen den Parteien ein „soziales Niemandsland"" (Glasl 2013, S. 82 f.)

> „Angriffe und Gegenangriffe werden zumeist ausgeklügelt und berechnend entworfen, so dass sie von der Gegenseite nicht direkt durchschaut werden. Man gönnt der Gegenpartei nicht den Triumph, dass sie einen bei offenen Feindseligkeiten ertappen und danach anklagen könne". (Glasl, 2013, S. 84)

In einem solchen Klima blüht „Mobbing". Die Haltung der Beteiligten wird gespeist von Enttäuschung, Frustration, Desillusionierung und Zynismus. Es gibt auf allen Seiten eine Selbstwahrnehmung als Opfer und eine Haltung der Machtlosigkeit angesichts der Machenschaften der Gegenseite. Sind in diesem Klima Gruppen involviert, so stehen sich diese als „Lager" gegenüber, ohne dass es jedoch Leitfiguren geben könnte – niemand kommt aus der Deckung. Glasl berichtet, dass er diesem Muster oft in Arbeitseinheiten begegnet ist, „in denen durch den Organisationszweck bereits eine starke weltanschauliche, politisch-ideologische oder religiöse Orientierung gegeben war." (S. 187). Außerdem:

> „So kommt es generell im Sektor der Banken, Versicherungen, in öffentlichen Verwaltungen (Kommunen, Bundesländer oder Kantone, Gesamtstaat) und in kirchlichen Organisationen (gleichgültig, welcher Konfession) zu kalten Konflikten. Ähnliches gilt auch innerhalb einer Organisation für bestimmte Abteilungen: Recht, Compliance, Buchhaltung, Rechnungswesen, Controlling etc." (Glasl 2010, S. 116)

Versuche produktiver Konfliktbewältigung

5

Situationen des Streitens, der Auseinandersetzung, des „Krachs" gelten als schwierig, als heikel, als schwer zu bewältigen. Vielen dieser Situationen liegen i. d. T. massive Interessensgegensätze zugrunde, sie sind geprägt von Macht- und Gewaltstrukturen, von übermächtigen Einflüssen. In dem Maße, in dem eine Konflikt-Situation durch solche strukturellen Größen bestimmt ist, in dem Maße sind den Kommunikationsbeteiligten „die Hände gebunden" – aber auch nur in *dem* Maße. Aus dem vorangegangenen Kapitel sollte nämlich deutlich werden, dass in Konflikt-Situationen gleichsam eigene Gesetze herrschen und dass diese Gesetze dazu führen, dass solche strukturellen Größen durch die Besonderheiten und durch die Dynamik von Konflikt-Situationen in ihrem Gewicht noch verstärkt werden können. Anders herum formuliert: Das Gewicht, dass solche strukturellen Faktoren in einer Konflikt-Situation haben, ist stets „hausgemacht", d. h. Produkt der interaktiven Verhältnisse selbst. Es ist wichtig zu verstehen, dass in Konflikt-gesprächen eine Reihe von Tendenzen gleichsam „eingebaut" sind, durch welche die widerstreitenden Positionen der Beteiligten zementiert, das wechselseitige Unverständnis verstärkt, die feindliche Haltung intensiviert und der Argwohn gegeneinander geschürt wird. Konflikt-Situationen führen und verführen aufgrund ihrer besonderen Logik zu Fixierung, Erstarrung und (subjektiv wahr-genommenen) Handlungszwängen. Dies sind die Tücken.

Glücklicherweise ist dies aber nur die eine Botschaft. Denn aufgrund der zentralen Eigenschaften interpersoneller Kommunikation gehört ebenso zu jeder Konfliktsituation ein Gestaltungspotenzial. Sprache als Grundtatbestand unseres menschlichen Daseins zeichnet sich grundsätzlich dadurch aus,

- dass mit ihr situative Zwänge und unmittelbarer Handlungsdruck benannt werden kann,

- dass durch sie physische Gewalt auf eine symbolische Ebene überführt werden kann,
- dass sie die Möglichkeit bietet, Dinge anders zu formulieren und damit anders zu denken und zu sehen,
- dass sie ein einzigartiges kreatives Potenzial besitzt und für Handeln dadurch neue Wege weisen kann.

Die große Chance der sprachlich-kommunikativen Bewältigung von Streit liegt im Gestaltungspotenzial, über das verbale Interaktion verfügt – ein Potenzial zur Umgestaltung von Beziehungen, Neudefinition der Bedeutung von Äußerungen und Handlungen, Ordnung und Steuerung von Streitverläufen und der bewussten Gestaltung der eigenen Sprech- und Hörweise. Dieses Gestaltungspotenzial bietet die Chance, die Fixierungen und Verhärtungen, zu denen Konfliktgespräche tendenziell neigen, wieder aufzuheben. Alle Gestaltungsmaßnahmen haben Versuchscharakter – sie sind in ihrem Gelingen vom Verhalten das Anderen abhängig. Sie setzen an neuralgischen Punkten von Konfliktgesprächen an und öffnen Wege einer produktiven Konfliktgestaltung.

Jede Konfliktsituation beinhaltet somit eine Vielzahl von Möglichkeiten, die in den vorherigen Kapiteln geschilderten Fixierungen aufzulösen, Selbstbindungen zu lockern, Spielräume zu schaffen, Interpretationen anzureichern und das Repertoire an Handlungsmöglichkeiten zu erweitern. Solche Lösungen, Lockerungen, Rahmenveränderungen und Handlungserweiterungen können als produktiver Umgang mit Konflikten verstanden werden. Sie bergen nicht nur die Chance neuer Wege bei der Bewältigung eines Konflikts und zur Findung kreativer Lösungen, sondern verleihen den Konfliktbeteiligten auch das Gefühl größerer Handlungsautonomie, das Empfinden der Befreiung von Handlungszwängen, das Erkennen von neuen Optionen und Perspektiven und das Erleben erfüllter sozialer Begegnungen.

Versuche zu einer produktiven Bewältigung von Konflikten müssen daher aus interaktionstheoretischer Sicht an diesem Spannungsverhältnis zwischen Fixierung und Gestaltungsmöglichkeiten ansetzen.

Der notwendige Versuchscharakter
Im Folgenden werden acht Möglichkeiten zur produktiven Bewältigung von Auseinandersetzungen vorgestellt.

Es handelt sich um Möglichkeiten, d. h. um Versuche, die man unternehmen kann. Angesichts der schwierigen Ausgangsbedingungen in Konfliktfällen und angesichts der Komplexität verbaler Interaktion generell kann keiner dieser Versuche mit einer Erfolgsgarantie versehen werden. Es gehört vielmehr mit zu den Fähigkeiten produktiver Konfliktbewältigung, sich des Versuchscharakters dieser Vorschläge bewusst zu sein. Das Bewusstsein um das mögliche Scheitern gutgemeinter Anstrengungen, gepaart mit Umsicht, Takt und Vorsicht ist gerade eine elementare Tugend der Konfliktbewältigung. Im Begriff des „Versuchs" ist das mögliche Scheitern also gleich mitgedacht – im Gegensatz zum Begriff des „Patentrezepts", der „Methode", des „Instruments" oder des „Mittels". Ein Handeln in Konfliktsituationen aus der vermeintlichen Sicherheit einer Erfolgsgarantie führt mit ziemlicher Sicherheit zum Scheitern dieses Handelns.

Es wäre also gerade kontraproduktiv, in den im Folgenden vorgestellten Möglichkeiten Patentmittel der Konfliktbewältigung zu sehen. Allerdings sind die vorgestellten Möglichkeiten wohlüberlegt, durchdacht und auf dem Hintergrund fundierter kommunikationstheoretischer, psychologischer Erkenntnisse und praktischer Erfahrungen entwickelt. Abb. 5.1 ordnet besonders neuralgischen Punkten der Konfliktkommunikation fundierte Versuche produktiver Bewältigung zu.

Jeder dieser Versuche „ist es also wert" – dies auch schon deshalb, weil die Durchführung des Versuchs selbst sowohl die eigene Haltung als auch den Charakter der Konfliktsituation selbst verändern wird – auch dann, wenn das Endergebnis vielleicht unbefriedigend bleiben sollte (z. B. keine Einigung erreicht wurde). Der Versuch verändert den Prozess auch dann, wenn er vom Ergebnis her gesehen fehlschlägt.

	NEURALIGISCHER PUNKT	VERSUCH
1.	SCHLECHTES KLIMA	BEZIEHUNGSGESTALTUNG
2.	TIEFGREIFENDES UNVERSTÄNDNIS	PERSPEKTIVENÜBERNAHME
3.	FESTGEFAHRENE POSITIONEN	DAS HARVARD-KONZEPT
4.	FUNKSTILLE	SCHLICHTUNG DURCH DRITTE
5.	STARRE HALTUNG	METAPHERN-MEDITATION
6.	RECHT BEHALTEN	WERTE MITTLERER REICHWEITE
7.	SPIELE TREIBEN	METAKOMMUNIKATION
8.	VERBISSENHEIT	MODALITÄTENWECHSEL
9.	EIGENE SCHWÄCHE	SELBSTBEHAUPTUNG UND WUT

Abb. 5.1 Neuralgische Punkte in Streitgesprächen und Versuche ihrer produktiven Bewältigung

Gegenanzeigen
Diese Versuche sollten allerdings nicht unternommen werden,

- wenn das Ziel ist, den Konfliktpartner ändern zu wollen (Pädagogisierung)
- wenn abzusehen ist, dass zusätzliches Porzellan zerschlagen wird (Phyrrus-Sieg)
- wenn man dem Partner nur die Meinung sagen will (Hin-and-Run)
- wenn man etwas Unrealistisches anstrebt (Utopie)
- wenn für einen selbst schon vorher klar ist, was der Andere tun muss (Vereinfachung).

5.1 Beziehungsarbeit: Die Bedeutung der Sozialbeziehung für die Konfliktbewältigung

Noch einmal zur Erinnerung: Wann wird aus einer Meinungsverschiedenheit ein Streit, aus einer Debatte ein Konflikt? – Immer dann, wenn in Situationen von Nichtübereinstimmung die Sozialbeziehung zwischen den Beteiligten in besonderer Weise tangiert ist; immer dann also, wenn es nicht nur um Meinungen geht, sondern auch darum, wer Recht behält oder bekommt, immer dann, wenn mit alternativen Vorschlägen auch die Frage verbunden ist, wer das Sagen hat, immer dann, wenn mit Entscheidungen auch die Frage verbunden ist, wer sich durchsetzt, immer dann, wenn Bemerkungen als Angriffe auf die eigene Person empfunden werden, immer dann, wenn Äußerungen Gefühlswallungen auslösen, immer dann, wenn es um mehr als nur um die Sache geht. Und da jede Bemerkung in zwischenmenschlicher Kommunikation auch ein Kommentar zur Sozialbeziehung zwischen den Beteiligten ist, da mit jedem Redebeitrag auch die eigene Rolle und damit die des Gegenübers bestimmt wird, ist dies potenziell immer der Fall.

Die Beziehungsebene ist in zwischenmenschlicher Kommunikation dauerhaft präsent. Erst durch Bezug auf Aspekte der Sozialbeziehung und des Selbstwertgefühls erfahren Ereignisse in zwischenmenschlicher Kommunikation ihre Bedeutung als Anlässe von Streit, erst durch diesen Bezug werden sie zu einer „Beleidigung", einer „Unverschämtheit", einer „Zumutung", einer „Verweigerung", einem „Angriff", einer „Kränkung", einer „Herabwürdigung", etc.

Um handeln zu können sind wir gezwungen, dem, was geschieht Sinn zu verleihen, und diesen Sinn schöpfen wir aus dem Erleben und den Interpretationshaltungen, mit denen wir in Situationen zwischenmenschlicher Kommunikation hineingehen und die wir dort weiterentwickeln, fortschreiben, stabilisieren, etc.

Als Interaktionsteilnehmer können wir nicht anders, als Ereignisse zu interpretieren und zu deuten – und dieses Erleben und die darauf aufbauenden Interpretationen und Deutungen werden gespeist aus unserer Selbst- und Fremdwahrnehmung, unseren Vorstellungen, Erfahrungen, Annahmen, Wünschen, Ängsten, Gefühlen und Fantasien. Diese Aspekte haben mit uns zu tun, deshalb sind sie uns wichtig. Sie sind uns wichtig, weil wir selbst uns wichtig sind. Deshalb ist es für den Umgang mit Konflikten entscheidend, die Beziehungsdimension als zentrales Moment von Streitsituationen zu erkennen und anzuerkennen. Und deshalb ist es zwar verständlich aber dennoch fatal, die Beziehungsqualität von der Qualität der inhaltlichen Auseinandersetzung abhängig zu machen nach dem Motto, „Wenn ich mit ihm einig bin, komme ich mit ihm aus." Eine solche Haltung ist zweifach fatal: einmal, weil sie ignoriert, dass die inhaltliche Auseinandersetzung ihrerseits von der Qualität der Beziehung abhängig ist und zweitens, weil sie den Umkehrschluss suggeriert, dass ich mit jemanden, mit dem ich sachlich nicht einig bin, auch nicht zurechtkommen kann. Ein solcher Umkehrschluss aber verengt das Potenzial, das in zwischenmenschlicher Kommunikation steckt, und blendet die Möglichkeit fruchtbaren Streits aus.

Es muss also darum gehen, in Streitsituationen an der Beziehungsdefinition zwischen den Beteiligten zu arbeiten, d. h. die Beziehung zu gestalten.

Die Arbeit an der Beziehungsgestaltung ist vorrangig, weil die Beziehungsdefinition alle anderen Aspekte der Ereignisdefinition „speist". Die Beziehungsdefinition bildet den Rahmen, innerhalb dessen sowohl die Interpretation des Geschehens, als auch die Selbstwahrnehmung und die Wahrnehmung der anderen Streitbeteiligten erfolgt, sie ist gleichsam „Motor des Geschehens". Mein guter Wille, bzw. meine Bereitschaft, meinen Streitgegner anders, wohlwollender, vorurteilsfreier etc. zu sehen, wäre schnell wieder erschöpft, wenn sich an dem Interaktionsmuster, das unser Handeln antreibt, nichts verändert.

Solche Muster können sein:

- „Wer von uns hat die Macht?"
- „Du willst mich über den Tisch ziehen"
- „Ich will Dich doch unterstützen"
- „Du musst immer Recht haben"
- „Ich zeigs Dir"
- „Ich will doch nur dein Bestes"

Für eine produktive Beziehungsgestaltung sollen im Folgenden vier Schritte vorgeschlagen werden:

Der **erste** Arbeitsschritt der Beziehungsgestaltung in einer Streitsituation besteht darin, das Beziehungsmuster, das man selbst dem interaktiven Geschehen zugrunde liegend betrachtet, zu erkennen.

Der **zweite** Schritt besteht darin, Hypothesen darüber zu entwickeln, welches Beziehungsmuster mein Streitgegner dem Streit zugrunde liegend betrachtet. Unter der Voraussetzung, dass es Sinn macht einen metakommunikativen Prozess einzuleiten, kann man versuchen, diese Hypothese im Gespräch mit dem Streitgegner zu klären.

Der **dritte** Schritt besteht darin, alternative Beziehungsmuster heranzuziehen und das Streitgeschehen dadurch aus einer anderen Sichtweise zu betrachten und alternative Deutungen für das Streitgeschehen und den Streitgegner zu entwickeln. Zentrale Momente für die Beziehungsgestaltung sind Takt und Respekt. Damit sind Aufgaben der Beziehungsgestaltung konkret formuliert: Es geht darum, dem Streitgegner in seiner persönlichen Integrität Respekt zu zollen und sich so zu verhalten, dass man sich des Respekts des anderen würdig erweist. Und es geht darum, Takt zum Grundprinzip des Umgangs und des eigenen Verhaltens zu machen. Man kann damit rechnen, dass diese Leitlinien in einem Streit ihre Wirkung nicht verfehlen werden – auch in solchen Fällen, in denen man seinen Streitgegner als „dicht" erlebt, als unfähig, angemessen wahrzunehmen oder als getrieben von blinder Wut. Takt und Respekt eröffnen Gestaltungsspielräume in der Interaktion, eröffnen Handlungsmöglichkeiten und verändern damit das „Gefechtsfeld" in einer Weise, auf die der Streitgegner sich einstellen muss und auf die er reagieren muss. Aus der Haltung von Respekt und Takt heraus wird es möglich, eine konstruktive Interpretationshaltung zu entwickeln, d. h. eine solche, die im Verhalten des anderen kooperative, konstruktive Anteile aufschließt. Auf der Basis einer solchen Interpretation wird es möglich, auf das Verhalten des Streitgegners anders als bisher zu reagieren und damit die Bedeutung seines Handelns gemäß dem Prinzip der kontextuellen Gebundenheit im Interaktionskontext zu verändern und dem Streitgegner in einer veränderten Bedeutung zurückzuspiegeln und damit den Situationsrahmen hin zu einer kooperativen Grundstruktur zu verändern.

Der **vierte** Schritt besteht darin, dem Geschehen entsprechend einem alternativen Beziehungsmuster eine neue Gestalt zu verleihen. Dieser Versuch zielt darauf ab, einen veränderten Interaktionskontext zu schaffen, in dem sich neue, andere Verhaltensweisen der Streitbeteiligten entfalten können, in dem sich die Beteiligten in einem anderen Licht zeigen können und in denen sich eine veränderte Interaktionsgeschichte entwickeln kann, die die Beteiligten miteinander teilen und die eine neue Verbindung zwischen ihnen herstellt. Dadurch werden die bis dahin gemachten Konflikterfahrungen, Fremdbilder und Deutungsmuster nicht aufgegeben, aber relativiert und in ihrer Relevanz neu eingeordnet. Dieser vierte Schritt kann innerhalb des bis dahin entwickelten Interaktionsrahmens versucht werden, oder aber in einem eigens geschaffenen neuen Rahmen, z. B. in einem informellen Kontext, oder in einem Rahmen, der mit dem Rahmen, in dem sich der Streit vollzieht, „nichts zu tun hat".

5.2 Die Position des Anderen kennen: Perspektivenübernahme

Ein charakteristisches Merkmal von Konflikt-Erfahrung ist,

- dass man den Anderen in einem tief greifenden Sinne „nicht versteht",
- dass einem schleierhaft ist, warum der Andere sich so verhält wie er es tut,
- dass man nicht begreifen kann, wie der Andere „**das** in den falschen Hals" bekommen konnte,
- dass man nicht verstehen kann, wieso der Andere so empfindlich reagierte, etc.

Es ist gerade diese Erfahrung tief greifenden Unverständnisses, die atmosphärisch und emotional das Erleben von Auseinandersetzungen prägt, die einen Streit zu mehr macht als zu einem Normalfall von Kommunikation – dieses tief greifende Unverständnis lässt uns gleichsam die Abgründe von Kommunikation und Miss-Kommunikation erahnen – und wir erschauern und schrecken zurück.

Dieses tief greifende Unverständnis angesichts des Verhaltens des Anderen entsteht immer dann, wenn es nicht gelingt, das Verhalten des Anderen in einen sinnvollen, stimmigen eigenen Deutungszusammenhang einzuordnen, immer dann, wenn wir uns keinen Reim auf das Verhalten machen können. Wir erleben den Anderen in diesen Momenten als dramatisch fremd – auch dies eine Erfahrung, die erschreckt und Angst auslöst (Abb. 5.2).

Dieses emotionale Erleben von Unzuverlässigkeit von Kommunikation und Fremdheit des Anderen führt zu einem sich selbst verstärkenden Effekt, weil dieses Erleben zu einer Grundhaltung führt, die von Stress, Irritation und Unsicherheit bestimmt ist und die Entwicklung von Momenten wie Offenheit und Gelassenheit verhindert, und damit die Möglichkeiten eines vertieften Verstehens des anderen und eines klugen, umsichtigen Umgangs mit der Situation einschränkt.

Ein Beispiel: Zwei Mitarbeiter einer Firma – der eine EDV-Benutzer, der andere Mitarbeiter im Benutzerservice – erzählen nach Dienstschluss zu Hause ein Ereignis aus ihrem Tagesablauf. Sie erzählen es aber deutlich unterschiedlich.

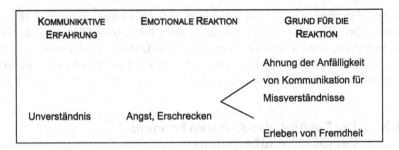

Abb. 5.2 Zwischenmenschliche Kommunikation und ihre Abgründe

Mitarbeiter 1 (EDV-Benutzer):

„Endlich kam der Kollege vom Benutzerservice, hörte aber gar nicht zu, was ich ihm zu sagen hatte (ich musste bis nach Feierabend warten) und machte an meinem Computer rum. Irgendwann sagte er nur, es wäre alles in Ordnung – dabei hat er mir alles durcheinandergebracht – und das nächste Mal solle ich im Handbuch nachsehen, da stünde alles drin, verschwand in Windeseile und ließ mich sitzen wie einen dummen Jungen."

Mitarbeiter 2 (vom Benutzer-Service):

„Das war ein Tag! Und dann dauernd die Anrufe von diesem Typen aus der Buchhaltung, der ich weiß-nicht-was wollte. Naja, ich habs mir nach Dienstschluss noch eingerichtet und bin mal runter. Kleinigkeit für mich. Blutiger Anfänger der. Ich hab ihm erst mal seine Dateien in eine vernünftige Ordnung gebracht und ihm gezeigt, wie das Handbuch aufgebaut ist. Hilfe zur Selbsthilfe sozusagen. Dann war ich echt spät dran, denn mein Tennis-Partner wartete schon."

In Abb. 5.3 sind die unterschiedlichen Wahrnehmungen der Beteiligten einander gegenübergesetzt und das sich ergebende Konfliktpotenzial aufgeführt.

Die bisherigen Beispiele haben vielleicht schon deutlich gemacht, dass der „strittige Punkt" in Auseinandersetzungen gar nicht so sehr darin liegt, „wie etwas gewesen ist" bzw. „was passiert ist", sondern vielmehr darin, wie das, was geschehen ist, interpretiert wird, in welche Zusammenhänge es gestellt wird, auf welche anderen Ereignisse es bezogen wird, als Beleg wofür es genommen wird, etc. Entscheidend ist m. a. W. der übergeordnete Zusammenhang, in den ein

EDV-Benutzer	Konfliktpotential	Benutzer-Service
Endlich	Ungeduld, Belastung, Verfügbarkeit	dauernd die Anrufe
kann der Kollege vom Benutzerservice	Typisierung	von diesem Typen aus der Buchhaltung, blutiger Anfänger
hörte aber gar nicht zu, was ich ihm zu sagen hatte	Anliegensklärung	der ich weiß-nicht-was wollte,
ich musste bis nach Feierabend warten	Entgegenkommen, Mißachtung	ich hab's mir nach Dienstschluss noch eingerichtet
irgendwann sagt er nur es wäre alles in Ordnung	Ignoranz, Unverständnis	Kleinigkeit für mich
Dabei hat er mir alles durcheinandergebracht	Intransparenz	ich hab ihm erst mal seine Daten in eine vernünftige Ordnung gebracht
und das nächste Mal solle ich im Handbuch nachsehen da stünde alles drin	Hilflosigkeit, „abgefertigt werden"	und ihm gezeigt wie das Handbuch aufgebaut ist. Hilfe zur Selbsthilfe sozusagen
verschwand in Windeseile und ließ mich sitzen wie einen dummen Jungen	Kränkung vs. Entgegenkommen	dann war ich echt spät dran, denn mein Tennispartner wartete schon

Abb. 5.3 Unterschiedliche Wahrnehmungen einer Begegnung am Arbeitsplatz

Vorfall, ein Ereignis, eine Begebenheit von den Streitteilnehmern eingeordnet wird. Erst durch diesen übergeordneten Zusammenhang erhält das Ereignis selbst seinen – subjektiven – Sinn.

Wenn es gelingt die Perspektive des Streitgegners auf den Streitsachverhalt einzunehmen und die Welt probeweise aus seiner Sicht zu sehen, wird es möglich, Verständnis für seine Auffassung und seinen Standpunkt zu entwickeln. Das bedeutet allerdings nicht, den eigenen Standpunkt aufzugeben. Die Perspektivenübernahme ermöglicht aber die Gewinnung von Einsicht und damit die Entwicklung einer verständnisvolleren Gesprächshaltung und die Erweiterung des Gesprächsraums auf weitere, mit dem Streitgegenstand zusammenhängende Themenaspekte und damit die Aufgabe thematischer Fixierungen und die Öffnung für Lösungsmöglichkeiten.

Das Elend mit diesen übergeordneten Zusammenhängen und Hintergrundannahmen ist, dass sie uns als Gesprächsbeteiligten selbst nur in Teilen klar sind. Sie bestehen aus allgemeinem Erfahrungswissen, momentanen Interessen, geheimen Wünschen, aktuellen Gefühlen und Mutmaßungen und sie sind uns derartig selbstverständlich, d. h. wir erleben sie selbst gar nicht als „Deutungszusammenhang", dass sie für uns erlebnismäßig vollständig mit dem Ereignis selbst verwoben sind.

Aus kommunikationswissenschaftlicher Sicht ist es aber möglich, Ordnung und Übersicht in dieses eben skizzierte Geflecht zu bringen (vgl. Nothdurft 1997). Auf der Grundlage entsprechender Erkenntnisse wird es dann auch möglich, praktisch

Ordnung in Konflikt-Darstellungen zu bringen und damit die Sichtweise, aus der ein Streitteilnehmer den Streit sieht, zu rekonstruieren. Eine wesentliche Rolle spielen für solche übergeordneten Zusammenhänge:

- Erklärungsmuster für eigenes, vor allem aber für „gegnerisches" Verhalten,
- Zuschreibungen von
  - Absichten („Der will mich kaltstellen"),
  - Motiven („Sie ist neidisch auf mich"),
  - Persönlichkeitseigenschaften („Er ist unbeherrscht"),
- Biografien („Er hat immer unter seinem Vater gelitten, deshalb benimmt er sich jetzt so"),
- Annahmen darüber, wie der „Gegner" einen selbst wahrnimmt („Er hält mich für einen Trottel"),
- eigene „wunde Punkte", Wertigkeiten, sog. „Werte mittlerer Reichweite" (s. u.) und Lieblingsgefühle („Ich will beliebt sein"),
- wichtige Momente des eigenen Lebensentwurfs („Niemand soll mir in meine Sachen reinreden"),
- übergeordnete Haltungen der Welt gegenüber, Lebensmaximen („Jeder ist seines Glückes Schmied"),
- affektive Grundstimmungen („Keiner liebt mich").

Ein weiteres Beispiel:

„Ein Ehepaar beschreibt acht Jahre nach seiner Hochzeit eine seiner ersten Auseinandersetzungen, die sich am zweiten Abend seiner Flitterwochen ereignete. Sie saßen beide an der Bar eines Hotels, als die Frau ein Gespräch mit einem anderen Ehepaar begann. Zur Bestürzung der Frau weigerte sich ihr Mann an der Konversation teilzunehmen; er blieb sowohl ihr gegenüber als auch gegenüber dem anderen Paar uninteressiert, verdrießlich und abweisend. Seine schlechte Laune wahrnehmend, entzündet sich ihr Ärger darüber, dass er eine solch peinliche Situation herbeiführte und sie fühlen ließ ‚sitzengelassen' zu werden. Die Gereiztheit wuchs, und schließlich kam es zu einer bitteren Auseinandersetzung, während jeder den anderen der Rücksichtslosigkeit bezichtigte." (Laing 1971, S. 30).

Eine „Sortierung" dieses Konflikts könnte folgendermaßen aussehen (Abb. 5.4):

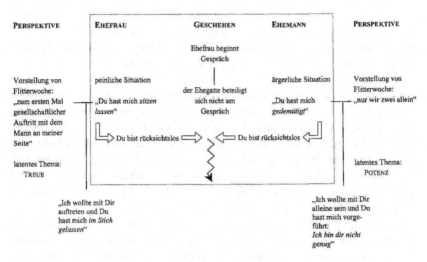

Abb. 5.4   Perspektivendivergenzen und ihre Auswirkungen auf ein Gespräch

5.3   Eine Idee aus dem Harvard-Konzept: Trennung von Person und Position

In vielen Konfliktfällen im Arbeitsleben stehen sich Forderungen, verbunden mit Positionierungen, unversöhnlich gegenüber. Typisch ist dies für sog. Interessens-Konflikte, d. h. Konflikte, die durch eine Zuspitzung des Geschehens auf Forderung und Ablehnung bzw. Gegenforderung gekennzeichnet sind. Gerade Verhandlungssituationen können durch diese Konstellation gekennzeichnet sein. Die klassische Geschichte ist der Streit zweier Menschen um eine Orange. Beide wollen die ganze Orange haben. Typischerweise wird dieser Interessens-konflikt durch einen Kompromiss beigelegt: Man trifft sich „in der Mitte" – Jeder bekommt eine Hälfte der Orange. Typischerweise sind beide Beteiligte aber nicht glücklich mit dieser Lösung – der Kompromiss wird als „fauler Kompromiss" erlebt.

Auch hier haben wir es wieder mit einer für Konflikt-Situationen unheil-vollen Tendenz zur Fixierung zu tun – der Fixierung auf Forderungen. Der grundlegende Mechanismus, durch den es zu dieser Fixierung kommt, ist schnell beschrieben, er funktioniert wesentlich auf der Beziehungsebene von Kommunikation: Wir erleben eine Forderung, die an uns gestellt wird, auf der Beziehungsebene tendenziell als Zumutung uns gegenüber, als Eingriff in den

Bereich unserer Handlungs- und Verfügungsautonomie und reagieren daher tendenziell aversiv, ablehnend, abschottend. Eine Forderung ist aber auch für den Fordernden mit seinem Selbstwertgefühl verbunden – er wirft das Gewicht seiner ganzen Persönlichkeit oder seiner Rolle in die Waagschale, er fühlt sich sich selbst gegenüber verpflichtet, die Forderung durchzusetzen. Sie zurückzunehmen würde Gesichtsverlust bedeuten, Beschädigung der Selbstwahrnehmung und des Selbstwertgefühls. Diese Koppelung einer Forderung an die Beziehungsebene von Kommunikation führt dazu, dass mit einer Forderung immer mehr verbunden ist als nur der Inhalt der Forderung selbst. Tendenziell ist jede Forderung eine Machtprobe. Damit sind die Bedingungen erfüllt, dass die Situation sich verselbstständigen kann (s.o., Abschn. 2.4.4) und es bald nur noch „ums Prinzip" geht oder darum, „wer das Sagen hat". So erklären sich die vielen Fälle von Fixierung auf Forderung und Ablehnung bzw. Gegenforderung.

Bei solch verfahrenen Konfliktsituationen, in die insbesondere Verhandlungssituationen tendenziell geraten, setzt das „Harvard-Konzept" an.[1] Die herrschende Verhandlungspraxis, so die Autoren, ist geprägt von und angeleitet durch eine unfruchtbare Vorstellung: Verhandlungen werden weitgehend begriffen als Prozess schrittweiser Annäherung vorab festgelegter Positionen.

Nachteile dieser Praxis sind aber,

- dass die Verhandlungsteilnehmer sich mit eingenommenen Positionen identifizieren und dadurch Sachkonflikte durch eine zusätzliche persönliche Involviertheit befrachtet werden (s.o.),
- dass die Ausgangspositionen so hoch angesetzt werden, dass eine Annäherung eine Vielzahl von Zwischenentscheidungen erfordert und damit kognitiv und emotional für die Beteiligten sehr aufwendig wird,
- dass der Verhandlungsprozess implizit ein Machtkampf zwischen den Teilnehmern wird und ihre Beziehungen belastet (s.o.).

Diese Identifizierung von Position mit Person soll – so ein Grundgedanke des Harvard-Konzepts – aufgebrochen werden. Ausgangserfahrung für dieses Prinzip

---

[1]Das Harvard-Konzept ist entwickelt worden von einem Team von Wissenschaftlern unter Leitung der Politologen Roger Fisher und William Ury von der Universität Harvard, U.S.A. (Fischer und Ury 2015). Ein Ziel dieses Projekts war es, Vorgehensweisen und Haltungen für den Umgang mit beziehungs-„geladenen" Interessenskonflikten zu entwickeln, durch die die typischen Sackgassen und Fallstricke üblicher Verhandlungspraxis vermieden werden sollten. Das Konzept ist insbesondere durch die Camp-David-Verhandlungen bekannt worden.

ist die Tendenz in Verhandlungsprozessen, dass sich Teilnehmer mit den eingenommenen Positionen emotional stark identifizieren, sodass jeder sachlich
begründete Verhandlungszug auch in Bezug zur eigenen Person interpretiert
wird. In solchen Verhandlungen kommt es zu charakteristischen Konfusionen:
Sachliche Positionen werden aufgegeben, um die Beziehung nicht zu gefährden,
oder sachlich unhaltbare Positionen werden im Dienste eines Machtkampfes bei-
behalten.

Fisher und Ury empfehlen nicht, von der emotionalen und der Beziehungsdimension in Aushandlungsprozessen zu abstrahieren, sondern sie separat in
ihrer eigenen Bedeutung und mit geeigneten Maßnahmen zu bearbeiten und zu
würdigen. Diese Maßnahmen zielen auf akkurate Wahrnehmung, Würdigung von
Emotionen und explizite Kommunikation ab. Zu den Maßnahmen gehört:

- Perspektivenübernahme (sich in die Position und den Handlungsrahmen des
  anderen hineinversetzen, die Position des anderen reformulieren) (s.o.);
- Projektionsvermeidung (Absichten des anderen nicht aus den eigenen
  Befürchtungen ableiten; die eigene Position in Bezug auf die eigene Lage-
  befindlichkeit darstellen, nicht als Auswirkung des Verhaltens des anderen;
  den anderen nicht für den Verhandlungsanlass verantwortlich machen);
- Metakommunikation (die Sichtweise des anderen und seine Emotionen zum
  expliziten Verhandlungsgegenstand machen);
- Ergebnisbeteiligung (mit dem Anderen zusammen Lösungsvorschläge entwickeln);
- Achtung und Rücksichtnahme (darauf achten, dass der andere sein Gesicht
  wahren kann);
- Dampf ablassen (die affektive Befindlichkeit des anderen erkennen, ohne auf
  sie in gleicher Weise zu reagieren).

5.4 Der dritte Mann: Chancen der Mediation

Was tun, wenn die Positionen festgefahren, die Beteiligten sich „eingegraben"
haben, die Feindbilder stabil und das Gesprächsklima eisig ist, was tun, wenn
schließlich „Funkstille" herrscht?

In solchen Fällen erfolgt regelmäßig der Ruf nach dem Dritten, dem
Schlichter, der versuchen soll, zwischen den Beteiligten eine Einigung oder
Lösung zustande zu bringen oder wenigstens das Gespräch zwischen ihnen
wieder in Gang zu setzen.

Lon Fuller, ein bedeutender amerikanische Rechtstheoretiker, hebt vor allem folgende kommunikative Qualitäten von Schlichten hervor (zitiert in Nothdurft 1995, S. 3):

- Schlichtung ist ein sozial kreatives Verfahren der Konfliktbearbeitung, weil die Streitbeteiligten aktiv an der Regelung ihrer zukünftigen Beziehung beteiligt sind.
- Schlichten ist ein verständigungsorientiertes Verfahren, weil die Beteiligten eine Lösung nur über wechselseitiges Einverständnis erreichen können.
- Schlichten ist ein erkenntnisfortschrittliches Verfahren der Konfliktlösung, weil die Beteiligten ein naives Wahrheitskonzept praktisch überwinden müssen.

Der Begriff Schlichtung – oder inzwischen: Mediation – suggeriert allerdings eine Einheitlichkeit dessen, was Schlichtung ist, die irreführend ist und die sehr unterschiedliche Phänomene in die gleiche Schublade packt. In allen Kulturen beteiligt sich ab einem gewissen Entwicklungsstand eines Streits das soziale Umfeld an der Konfliktaustragung bzw. -bewältigung, sei es, dass Partei ergriffen wird oder sich Lager bilden, sei es, dass eine unabhängige Instanz von sich aus einschreitet, z. B. die Polizei, sei es, dass von den Beteiligten selbst eine besondere Instanz angerufen wird. Schlichtungsaktivitäten gehören dazu. Es ist wichtig zu erkennen, dass Schlichtungsaktivitäten immer eingebunden sind in einen übergeordneten sozio-kulturellen Kontext. Nur aus diesem übergeordneten Zusammenhang heraus erhalten Schlichtungsaktivitäten die „Kraft der Autorität", die sie benötigen, um die Beteiligten zu einer Einigung bewegen zu können. Es ist daher wichtig, die kulturelle Gebundenheit von Schlichtungsaktivitäten zu berücksichtigen (Nothdurft und Spranz-Fogasy 1986). So gibt es eine große Vielfalt im Selbstverständnis des Dritten Mannes:
Der Schlichter kann sich verstehen…

- als Moderator, der seine Aufgabe darin sieht, das Gespräch zwischen den Beteiligten wieder in Gang zu bringen, oder
- als Berater bei der Suche nach einer gemeinsam akzeptablen Lösung oder
- als (vorgerichtliche) Entscheidungsinstanz (Schiedsrichter) oder
- als Alternative zum Gerichtsverfahren.

Was eine solche dritte Partei dann tut, tun soll, tun kann und tun darf, welche Zielsetzung sie mit ihrer Intervention verbindet und über welche Autorität sie bei ihrem Tun verfügt, all dies unterscheidet sich von Kultur zu Kultur dramatisch. In

Deutschland hat sich mittlerweile eine ganze Mediations-„Industrie" etabliert mit Berufsverbänden, Zeitschriften und Ausbildungsgängen (Langfeldt und Nothdurft 2015; kritisch zu dieser „Mode der Mediation" Nothdurft 2001)

Aus der Logik der Intervention eines Dritten in einen Streit lassen sich immerhin Rahmenbedingungen seines Handelns ableiten, die von ihm berücksichtigt werden müssen, wenn er sich erfolgreich um eine Einigung bemühen will:

- Die Akzeptanz des Schlichters muss gesichert sein, d. h. er muss von allen Beteiligten in seiner Rolle als Schlichter anerkannt werden. Wer sich in einen Streit „einmischt" muss damit rechnen, dass sich der Zorn der Streithähne gegen ihn statt gegen den Streitgegner richtet („Was geht Sie das an, wenn mein guter Mann mich schlägt!").
- Die relevanten Beteiligten müssen erfasst werden, d. h. es muss sichergestellt sein, dass alle „am Tisch sitzen", die in den Konflikt verwickelt sind. Andernfalls läuft der Schlichter Gefahr, dass er an den relevanten Beteiligten „vorbei" handelt und dass er für zusätzlichen Streit sorgt, dadurch, dass er relevante Beteiligte ausschließt.
- Die Implementierung muss sichergestellt sein, d. h. das Konfliktumfeld muss so gestaltet sein, dass in der Schlichtung entwickelte Einigungen auch praktisch umgesetzt werden können. Andernfalls produziert die Schlichtung Scheinlösungen oder entpuppt sich als Alibi-Veranstaltung – ein Phänomen, das gerade bei Mediationen im umweltpolitischen Kontext immer wieder beobachtet werden kann.
- Der Status der Schlichtung muss geklärt sein, d. h. der Schlichter muss seine eigene Position im Konfliktfeld analysieren und bestimmen, welches Spiel dort mit ihm gespielt wird. Andernfalls riskiert der Schlichter, von Konfliktbeteiligten funktionalisiert zu werden und für eine Konfliktpartei zum „nützlichen Idioten" zu werden.

Ein anschauliches Beispiel für den Ablauf einer Schlichtung findet sich in Langfeldt und Nothdurft (2015, S. 275–283).

5.5 Den richtigen Punkt treffen: Die Bedeutung von Werten mittlerer Reichweite

In Abschn. 2.4.1 war auf die unheilvolle Fixierung auf Tatsachen aufmerksam gemacht worden. Diese Fixierung führt dazu, dass das Konfliktgeschehen sich um Fragen der Wahrheit von Darstellungen, Wahrhaftigkeit von Äußerungen und

Glaubwürdigkeit von Personen dreht und es dadurch zu einer Zuspitzung auf ja-nein-Entscheidungen und – auf der Beziehungsebene – zu einer Zuspitzung auf Gewinner und Verlierer kommt.

Im Sinne des Prinzips der Gestaltungsmacht in verbaler Interaktion kommt es angesichts dieser Fixierung auf die Tatsachen darauf an, das thematische Potenzial des Konflikts auszunutzen – und auszuweiten. Jeder Streitgegenstand ist ein komplex angelegtes Gebilde. Auch in Fällen, in denen es nicht zur Fixierung auf eine Tatsache kommt, ist dennoch klar, dass „nicht alles gesagt werden kann". Jeder Streit könnte in all seinen Dimensionen stets vertieft, erweitert, verlängert, verschärft etc. werden. Um mit dem hier anstehenden Problem der Fixierung auf die Tatsachen fertig zu werden, erweist sich eine Dimension, oder besser Ebene von Konflikten als besonders wichtig: die Ebene der Werte mittlerer Reichweite.

Bei jeder Konfliktdarstellung kann man unterscheiden zwischen folgenden drei Ebenen (Nothdurft 1997) (Abb. 5.5):

- Die Ebene der **Konfliktereignisse:** Auf dieser Ebene befinden sich die „Tatsachen", d. h. das, was – aus Sicht der jeweiligen Partei – gewesen ist. Auf dieser Ebene liegen all jene Darstellungselemente, die dem Geschehen selbst Sinn verleihen. Oft bleibt es in Konflikten bei Auseinandersetzungen um Gesichtspunkte dieser Ebene – die Fixierung auf Tatsachen eben.
- Eine Ebene der **Werte mittlerer Reichweite:** Auf dieser Ebene liegen die Interessen, Haltungen, Werte, Empfindlichkeiten etc., die durch das konfliktäre Geschehen im engeren Sinne betroffen sind. Dazu gehören v. a. jene Wertsetzungen, durch die das konfliktäre Geschehen sich überhaupt schädigend

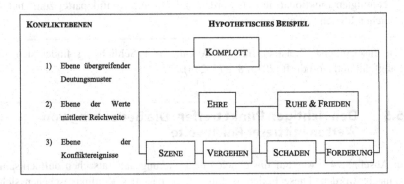

Abb. 5.5 Konfliktebenen

für den Betroffenen auswirken konnte; die Handlungen oder Äußerungen des Streitgegners sind ja nicht per se kränkend, sondern nur, weil durch sie eine spezifische Werthaltung oder Disposition des Beteiligten getroffen wird und dieser „Treffer" sich kränkend auswirkt. Zu den Werten mittlerer Reichweite gehören Kategorien wie „Stolz", „Ansehen", „guter Ruf", „Mutterliebe", „Gerechtigkeit", „Ruhe und Frieden", „Ehre" etc. Auf dieser Ebene liegen alle Elemente einer Konflikt-Darstellung, durch die deutlich wird, worin die zustande gekommene Verletzung liegt.

- Eine Ebene **übergreifender Deutungsmuster:** Hier handelt es sich um generelle Auffassungen darüber, „wie die Welt ist", und spezifischer, wie die soziale Welt ist, in die der Streit eingebettet ist; hierzu gehören generelle Selbst- und Fremdbilder, Deutungsfiguren für das Verhältnis zwischen den Streitparteien („Neid", „Hass", „Boshaftigkeit"), komplexe Interpretationsfiguren für soziale Verhältnisse wie „Komplott", „Verfolgung" und auch Konstruktionen, durch die die eigene Darstellung gegen Angriffe „immunisiert" wird. Auf dieser Ebene liegen all jene Elemente einer Konflikt-Darstellung, die ihr ihre interne Stabilität verleihen.

Wenn man diese drei Dimensionen unterscheidet, werden die Einigungspotenziale, die in einem Streitgespräch vorhanden sind, deutlicher sichtbar. Man kann dann etwa erkennen, dass die Konflikt-Darstellungen gegnerischer Parteien auf der Ebene der Konflikt-Ereignisse rivalisieren, d. h. einander entgegenstehen, dass die Konflikt-Darstellungen der Parteien auf der Ebene der Werte mittlerer Reichweite aber indifferent zueinander sind, d. h. die Beteiligten in unterschiedlichen Werthaltungen betroffen sind, deren Kompensation sich nicht gegenseitig ausschließen würde, und dass die Konstruktionen auf der Ebene der übergreifenden Deutungsmuster miteinander nicht kompatibel wären.

In vielen Fällen liegt der Fokus von Streitgesprächen auf der Ebene der **Konfliktereignisse** (Ebene 3). Die Kränkungs- und Verletzungsgesichtspunkte, die für den Einzelnen durch das Geschehen affiziert sind, werden kaum angesprochen. Verfolgt man jedoch die Spuren von den Geschehens-Darstellungen hin zu solchen Kränkungsgesichtspunkten und bestimmt diese näher, so löst sich die antagonistische Beziehung, die zwischen den Geschehensdarstellungen herrscht, auf: Subjektive Werte, Interessen, Empfindlichkeiten können in anderen Beziehungen stehen, als in der einer gegenseitigen Ausschließung oder Widersprüchlichkeit. Generell gilt, „dass der andere es anders sieht". Aber dieses Anders-sehen ist eben nicht nur die Quelle des Konflikts, sondern gerade auch eine wichtige Quelle für Einigung. Während auf der Ebene des Konflikt-Geschehens das „Anders-sehen" des Gegners gerade konfliktverschärfend ist, bietet das „Anders-sehen" auf der Ebene der **Werte mittlerer Reichweite** gerade Einigungsmöglichkeiten. Während auf der Ebene des Konflikt-Geschehens nur ein einziger Gesichtspunkt zählt – „wie es war", sind auf der Ebene der Werte mittlerer Reichweite mehrere, alternative Gesichtspunkte thematisierbar – schon allein dies erlaubt Verhandlungsflexibilität und schafft ein größeres Einigungspotenzial.

Außerdem ermöglicht es das Reden über Werte mittlerer Reichweite, Verhandlungsgesichtspunkte einzuführen, die bei einer Verhandlung auf der Ebene des Konflikt-Geschehens „deplatziert" und unmotiviert wären: wenn man den Konflikt auf der Ebene betroffener Werte behandelt, könnte es möglich werden, den Parteien die Symmetrie der Betroffenheit deutlich zu machen, d. h. ihnen deutlich zu machen, dass der jeweils andere durch das Konflikt-Geschehen ebenso in seinen Werten getroffen ist, wie man selbst auch.

5.6 Szenenwechsel: Humor und Scherz als Mittel der Konfliktbewältigung

Was kann man tun, wenn man merkt, dass man jemanden „auf den Schlips getreten" ist – ein klassischer Versuch besteht darin, die Äußerung nachträglich zum Scherz zu erklären: „Das sollte ein Witz sein." In vielen Fällen ist eine solche nachträgliche Definition der eigenen Äußerung zwar nicht die eleganteste oder sensibelste Umgangsweise mit einem Fauxpas, aber interessant ist, dass sie „funktioniert"; wenn es sich nicht gerade um eine ausgesprochene Geschmacklosigkeit oder Pietätlosigkeit handelt, lässt sich gegen eine solche Umdefinition einer Äußerung zum Scherz nichts sagen, die Situation ist entschärft. Offensichtlich vollzieht sich mit einer solchen Umdefinition etwas Entscheidendes mit der Äußerung – ihre Bedeutung verändert sich radikal (s.o.).

Instinktiv sind wir in unserem kommunikativen Alltag Könner im Kontextualisieren der Bedeutung von Äußerungen, und in diesem Fall von Umdefinition spielen wir virtuos auf dem, was die Kommunikationswissenschaft die „Modalität" von Äußerungen nennt.

Die Modalität einer Äußerung oder einer ganzen Gesprächspassage ist vergleichbar mit dem Notenschlüssel von einem Musikstück – die Modalität gibt die Tonart an, in der eine Äußerung „gesetzt" ist bzw. die eine Gesprächspassage prägt; die Äußerung kann *flapsig* gesprochen sein, das Gespräch kann einen *scharfen Ton* annehmen, die Bemerkung kann *ironisch* sein oder *empört,* die Auseinandersetzung kann eine Wendung ins *Scherzhafte* nehmen, ein Gespräch in *Albernheiten* abgleiten oder auf einmal *bitterernst* werden. Alle diese kursiv geschriebenen Begriffe kennzeichnen unterschiedliche Tonarten oder Modalitäten, in denen unsere Gesprächsbeiträge gefasst sein können. Für jede dieser Modalitäten gelten andere Darstellungsgesichtspunkte und Interpretationsprinzipien: niemand würde bei einem Witz die Frage stellen, ob die im Witz dargestellten Ereignisse denn auch wahr seien, niemand würde nach der Erzählung einer erschütternden Begebenheit fragen, wo denn die Pointe bleibt.

Nehmen wir als Beispiel an, Sie sind mit einem Kollegen verabredet und dieser kommt zu spät. Sie wollen ihn „auf sein Zu-spät-kommen aufmerksam machen". Dies können Sie in verschiedenen Tonlagen formulieren:

MODALITÄT	BEISPIEL
ÜBERTREIBEND	„Den ganzen Tag sitze ich hier und warte auf Dich"
AUGENZWINKERND	„Haarscharf an der Zeit vorbei"
IRONISCH	„Nanu, was machst du denn hier am frühen Morgen"
ERNST	„Du bist 15 Minuten zu spät"
WÜTEND	„Mann, ich hab so'n Hals, ich hab's satt, auf Dich zu warten"

- Diese Gestaltungsmöglichkeit der Modulierung von Äußerungen kann man sich in Konflikt-Gesprächen zunutze machen.
- Man kann versuchen, die Tonart, in der eine Äußerung formuliert wird so zu bestimmen, dass ihre Bedeutung dadurch entschärft wird,
- man kann versuchen, die Tonart, in der eine Äußerung verstanden worden ist, nachträglich umzudefinieren,
- man kann versuchen, der Interaktionsphase, in der man sich befindet, eine andere Modalität zu verleihen.

Die Modulierung einer Äußerung in der Tonart des Scherzes ist unter Gesichtspunkten der Konfliktbewältigung besonders relevant. Mit dieser Modalität ist eine Reihe von Umständen verbunden, durch die ein Streit in seiner Gestalt und seiner Dynamik entscheidend verändert werden kann. Wir neigen aufgrund unserer metapragmatischen Einstellung dazu, den Bereich von Scherzen, Witzen, Frotzeln und Lachen als eher randständig für Kommunikation zu betrachten und Aktivitäten ernsthafter Kommunikation in den Mittelpunkt unserer Vorstellungen von Kommunikation zu stellen. Dabei birgt das Lachen und das Scherzen einen beträchtlichen Spielraum der Interaktionsgestaltung in sich und bietet die Möglichkeit, Fixierungen und Entwicklungen zu einem verbissenen Streiten zuvorzukommen (und ggf. auch wieder aufzulösen). Scherzaktivitäten können einen Streit gleichsam in eine andere Welt entführen. Sie...

- entschärfen den Streit, indem sie durch Modalitätswechsel einen anderen Ton in das Gespräch einführen, der mit Momenten wie Gelassenheit, Entspanntheit, Nicht-Ernsthaftigkeit verbunden ist;
- eröffnen ein alternatives Handlungsspektrum, das durch Scherzen, Witzeln, etc. bestimmt ist, und relativieren dadurch die einseitige Ausrichtung des Streitgeschehens auf der Ebene verbissenen Streitens;
- stiften Gemeinsamkeiten dadurch, dass man zusammen lacht, und bringen dadurch emotional positive Momente ins Gespräch ein;
- signalisieren Gemeinsamkeiten, weil gemeinsames Lachen auf einem gemeinsam geteilten Wissensvorrat verweist, von dem aus man lacht;
- schaffen eine alternative emotionale Grundstimmung, die sich durch Scherzen und Lachen entwickeln kann und die den Boden bereitet für alternative Weisen des Umgangs miteinander;
- relativieren die Relevanz des Streites, indem man darüber lacht;
- schaffen einen informellen Charakter des Interaktionsgeschehens, weil Scherzen in unserer Kultur typischerweise mit dem Moment der Informalität verbunden ist und tragen so zu einer entspannteren Gesprächsatmosphäre bei.

Freilich eignet sich die Modalität des Scherzens auch dazu, unverschämte Bemerkungen, Kränkungen und Aggressionen zu „verpacken". Darauf verletzt, empört oder „sauer" zu reagieren würde in vielen Situationen als nicht souverän gelten – man steht als „Spielverderber" da (s.o.).

Andererseits ist – mindestens in unserer Kommunikationskultur – gekonntes Parieren und der Umgang mit den verschiedenen Tonarten von Äußerungen mit hohem Reputationsgewinn verbunden – die Fähigkeit zur Konfliktbewältigung braucht eben auch Schlagfertigkeit.

Diese Gestaltungsmöglichkeit der Modulierung von Äußerungen kann man sich in Konflikt-Gesprächen zunutze machen.

5.7   Selbstbehauptung und Wut

Bei aller diskursiven Orientierung in Versuchen der Konfliktbewältigung – Konflikten liegen Momente der Kränkung und Verletzung zugrunde und damit Momente der Emotionalität. Betrachtungen zur Konfliktbewältigung können daher nicht abgeschlossen werden ohne Gedanken zum Umgang mit diesen Emotionen, insbesondere mit Wut. Zwar ist Wut im Zuge der zivilisatorischen Entwicklung in westlichen Kulturen gegenwärtig negativ konnotiert und in der Regel kein bewusst angestrebter Zustand, aber zweifelsohne ist Wut eine psychologisch sinnvolle Reaktion auf Situationen der Selbstwertbedrohung, weil sie Abwehrkräfte mobilisiert. Entscheidend ist allerdings ihre Verbindung mit einem Impuls der Selbstbehauptung. Dies betont auch der Psychotherapeut Lichtenberg:

„Um im Streit effizient zu sein und ein Gefühl der Macht zu erleben, braucht man Selbstbehauptung, unterstützt von Wut." (Lichtenberg 2007, S. 68). In dieser Kombination erweist sich Wut als Stärke – als Stärke, die dazu verhilft, der eigenen Verletzung auf emotionaler Ebene angemessen Ausdruck zu verleihen und dem Gegenüber eigene Stärke und Selbstvertrauen zu demonstrieren – vorausgesetzt, die dafür erforderliche Selbstbehauptung ist stabil und kein voreiliges, auf Illusionen basierendes Sich-in-Sicherheit-wiegen oder Sich-im-Recht-fühlen.

Was Sie aus diesem *essential* mitnehmen können

- Der springende Punkt bei Konflikten ist die Bedrohung des eigenen Ichs
- Diese Bedrohung führt zu heillosen Reaktionen, die eine systematische Dynamik aufweisen
- Konflikt-Kommunikation weist acht charakteristische Facetten auf
- Die Ausgestaltung von Konflikten am Arbeitsplatz ist von Besonderheiten der Arbeitskultur bestimmt
- Versuche der Konflikt-Bewältigung sind auf Beziehungsklärung, persönliche Werte und Schaffung eines speziellen Klimas gerichtet

Literatur

Allesch, G. v. (1942). Über das Verhältnis des Allgemeinen zum realen Einzelnen. *Archiv für die gesamte Psychologie, 111*, 23–38.

Brenneis, D. (1988). Language and disputing. *Annual Review of Anthropology, 17*, 221–237.

Eckert, R., et al. (2000). *„Ich will halt anders sein wie die anderen". Abgrenzung, Gewalt und Kreativität bei Gruppen Jugendlicher.* Opladen: Westdeutscher.

Fischer, R., & Ury, W. (2015). *Das Harvard-Konzept* (25. Aufl.). Frankfurt/M.: Campus.

Garfinkel, H. (1974). Bedingungen für den Erfolg von Degradierungszeremonien. *Gruppendynamik, 5*, 77–83.

Glasl, F. (2008). *Selbsthilfe in Konflikten. Konzepte, Übungen, praktische Methoden* (6. Aufl.). Bern: Haupt/Freies Geistesleben.

Glasl, F. (2013). *Konfliktmanagement* (11. Aufl.). Bern: Haupt/Freies Geistesleben.

Glasl, F. (2015). *Konfliktfähigkeit statt Streitlust oder Konfliktscheu* (4. Aufl.). Dornach: Verlag am Goetheanum.

Goffman, E. (1975). *Interaktionsrituale. Über Verhalte in direkter Kommunikation.* Frankfurt/M.: Suhrkamp.

Hoffmann, R.-W. (1981). *Arbeitskampf im Arbeitsalltag.* Frankfurt/M.: Campus.

Illouz, E. (2007). *Gefühle in Zeiten des Kapitalismus.* Frankfurt/M.: Suhrkamp.

Katz, J. (1998). *Seduction of crime.* New York: Basic Books.

Laing, R. D., et al. (1971). *Interpersonelle Wahrnehmung.* Frankfurt/M.: Suhrkamp.

Langfeldt, H.-P., & Nothdurft, W. (2015). *Psychologie. Grundlagen und Perspektiven für die soziale Arbeit.* München: Reinhardt.

Lichtenberg, J. D. (2007). *Kunst und Technik psychoanalytischer Therapien.* Frankfurt/M.: Brandes & Apsel.

Liell, C. (2003). Jugend, Gewalt und Musik. Praktiken der Efferveszenz in der Hip-Hop-Szene. In U. Luig & J. Seebode (Hrsg.), *Ethnologie der Jugend. Soziale Praxis, moralische Diskurse und inszenierte Körperlichkeit* (S. 123–153). Münster: LIT.

Malinowski, B. (1931). Culture. *Encyclopeadia of the Social Sciences, 4*, 621–644. (London, New York).

Neuberger, O. (1992). Spiele in Organisationen, Organisationen als Spiele. In W. Küpper & G. Ortmann (Hrsg.), *Mikropolitik* (S. 53–86). Opladen: Westdeutscher.

© Der/die Herausgeber bzw. der/die Autor(en), exklusiv lizenziert durch Springer Fachmedien Wiesbaden GmbH, ein Teil von Springer Nature 2020
W. Pfab, *Konfliktkommunikation am Arbeitsplatz*, essentials,
https://doi.org/10.1007/978-3-658-30149-1

Neuberger, O. (1995). *Mikropolitik. Der alltägliche Aufbau und Einsatz von Macht in Organisationen.* Stuttgart: Enke.

Nothdurft, W. (1995). Gesprächsanalyse von Schlichtung. In W. Nothdurft (Hrsg.), *Streit schlichten* (S. 1–26). Berlin: deGruyter.

Nothdurft, W. (1997). *Wortgefecht und Sprachverwirrung.* Wiesbaden: Westdeutscher.

Nothdurft, W. (2001). Die Mode der Mediation. *Der Deutschunterricht, 6,* 38–47.

Nothdurft, W. & Spranz-Fogasy, T. (1986). Der kulturelle Kontext von Schlichtung. *Zeitschrift für Rechtssoziologie, 1*(86), 31–52.

Oesterle, G. (1986). Das „Unmanierliche" der Streitschrift. Zum Verhältnis von Polemik und Kritik in Aufklärung und Romantik. In F.-J. Worstbrock & H. Koopmann (Hrsg.), *Formen und Formgeschichte des Streitens* (S. 107–120). Tübingen: Niemeyer.

Pfab, A. (2018). Übergangsrituale im Coaching: Bedeutung und Einsatzmöglichkeiten. *Organisationsberatung – Supervision – Coaching, 25,* 487–500.

Pfab, W. (2018). Konfliktkommunikation in Jugendgruppen. In E. Neuland & P. Schlobinski (Hrsg.), *Handbuch Sprache in Gruppen* (S. 420–438). Berlin: deGruyter.

Pfab, A. (2020). *Ich und die Anderen. Der Einfluss von Selbst- und Fremdbildern auf den beruflichen Alltag.* Wiesbaden: Springer.

Pfab, W. (2020a). *Kompetent beraten in der Sozialen Arbeit. Bausteine für eine gute Beratungsbeziehung.* München: Reinhardt.

Pfab, W. (2020b). *Kommunikation in der Arbeitswelt. Grundlagen der Gesprächsführung.* Wiesbaden: Springer.

Schimank, U. (1981). *Identitätsbehauptung in der Arbeitsorganisation.* Frankfurt/M.: Campus.

Schlegel, L. (1995). *Die transaktionale Analyse.* Tübingen: Francke.

Schopenhauer, A. (2019). *Die Kunst, Recht zu behalten. Eristische Dialektik.* Berlin: Henricus.

Schwitalla, J. (2010). Brutalität und Schamverletzung in öffentlichen Polemiken des 16. Jahrhunderts. In S. Krämer & E. Koch (Hrsg.), *Gewalt in der Sprache. Rhetoriken verletzenden Sprechens* (S. 97–123). München: Fink.

Spranz-Fogasy, T. (1986). *‚widersprechen'. Zu Form und Funktion eines Aktivitätstyps in Schlichtungsgesprächen.* Tübingen: Narr.

Tertilt, H. (1996). *Turkish Power Boys. Ethnographie einer Jugendbande.* Frankfurt/M.: Suhrkamp.

Thau, M. (1994). *Intrigen.* München: Orbis.

Volmerg, U. (1978). *Identität und Arbeitserfahrung.* Frankfurt/M.: Suhrkamp.

Watzlawick, P. (2009). *Anleitung zum Unglücklichsein.* München: Piper.

Watzlawick, P., Beavin, J., & Jackson, D. (2016). *Menschliche Kommunikation* (13. Aufl.). Göttingen: Hogrefe.

Watzlawick, P., Weakland, J., & Fisch, R. (2019). *Lösungen – Zu Theorie und Praxis menschlichen Wandels* (9. Aufl.). Göttingen: Hogrefe.

Willems, H. (1997). *Rahmen und Habitus.* Frankfurt/M.: Suhrkamp.

Young, L. (1994). *Crosstalk and culture in Sino-American communication.* Cambridge: Cambridge University Press.

Printed in the United States
By Bookmasters